BEI GRIN MACHT SICH IHR WISSEN BEZAHLT

- Wir veröffentlichen Ihre Hausarbeit,
  Bachelor- und Masterarbeit

- Ihr eigenes eBook und Buch -
  weltweit in allen wichtigen Shops

- Verdienen Sie an jedem Verkauf

Jetzt bei www.GRIN.com hochladen und kostenlos publizieren

Bibliografische Information der Deutschen Nationalbibliothek:

Die Deutsche Bibliothek verzeichnet diese Publikation in der Deutschen National-
bibliografie; detaillierte bibliografische Daten sind im Internet über http://dnb.d-
nb.de/ abrufbar.

Impressum:

Copyright © 2012 GRIN Verlag, Open Publishing GmbH
Druck und Bindung: Books on Demand GmbH, Norderstedt Germany
ISBN: 978-3-668-21228-2

Dieses Buch bei GRIN:

http://www.grin.com/de/e-book/207795/maenner-als-bessere-supervisoren-wann-
und-warum-bevorzugen-supervisandinnen

Rene Hofer

Männer als "bessere" Supervisoren? Wann und warum bevorzugen Supervisandinnen aus dem sozialen Arbeitsbereich männliche Supervisoren?

GRIN Verlag

GRIN - Your knowledge has value

Der GRIN Verlag publiziert seit 1998 wissenschaftliche Arbeiten von Studenten, Hochschullehrern und anderen Akademikern als eBook und gedrucktes Buch. Die Verlagswebsite www.grin.com ist die ideale Plattform zur Veröffentlichung von Hausarbeiten, Abschlussarbeiten, wissenschaftlichen Aufsätzen, Dissertationen und Fachbüchern.

Besuchen Sie uns im Internet:

http://www.grin.com/

http://www.facebook.com/grincom

http://www.twitter.com/grin_com

Sind Männer die „besseren" Supervisoren?

Eine qualitative Untersuchung zur Frage:
„Wann und warum bevorzugen Supervisandinnen aus dem sozialen Arbeitsbereich das Geschlecht eines männlichen Supervisors?"

Rene Hofer

Masterlehrgang Up W17
„Master of Science – MSc (Supervision)"
ARGE Bildungsmanagement Wien
2012

Zitat:

"Der Unterschied zwischen Landschaft und Landschaft ist klein; doch groß ist der Unterschied zwischen den Betrachtern." (Emerson, 1987, S. 59)

Zitat:

"Tausend Menschen mögen das Gleiche tun, das heißt, die gleiche Handlung begehen, so völlig übereinstimmend, dass äußerlich kaum ein Unterschied besteht, und doch ist jede, an sich betrachtet, von der anderen verschieden, weil die Beweggründe verschieden sind." (Swedenborg, 2005, S. 425)

Danksagung

Mein Dank gilt in erster Linie meiner gesamten Familie, im Speziellen meiner Lebensgefährtin und meinen beiden Kindern Helene und Johanna, die während der Erstellung dieser Arbeit des Öfteren einmal auf die absolute Anwesenheit von Papa verzichten mussten. Weiter gilt mein Dank meinen Studienkollegen und Studienkolleginnen für die vielen - wie ich finde - perspektivenerweiternden Anregungen, einen gewinnbringenden Austausch und entsprechender Hilfestellung bei etwaigen Unklarheiten. Auch bedanke ich mich für die computertechnischen Hilfestellungen meiner Freunde, die immer Lösungen für etwaige Probleme präsentieren konnten.

Außerdem möchte ich mich bei allen Personen bedanken, die bereit waren mit mir ein Interview in Hinsicht auf ihre Erfahrungen mit dem Thema dieser Arbeit zu führen. Aus Gründen der Anonymität möchte ich jedoch an dieser Stelle keine Namen nennen.

Abstrakt

Die Arbeit mit dem Titel „Sind Männer die „besseren" Supervisoren?" und der Fragestellung: „Wann und warum bevorzugen Supervisandinnen aus dem sozialen Arbeitsbereich das Geschlecht eines männlichen Supervisors?" wurde im Rahmen des Upgrade „Master of Science - MSc (Supervision)" an der ARGE Bildungsmanagement Wien 2012 verfasst. Ziel dieser Masterthesis soll sein, einen Blick darauf zu werfen für welche Anlässen, in welchen Bereichen und zu welchen Thematiken weibliche Supervisandinnen aus dem sozialen Arbeitsfeld einen männlichen Supervisor bevorzugen. Dabei werden Auswahlkriterien, entsprechende Rahmenbedingungen, sowie die Settingwahl beleuchtet und Erkenntnisse aus dem Vorgespräch, wie auch die Erwartungen an den Supervisionsprozess und im Zusammenhang damit eine Kompetenz- und Rollenzuschreibung als auch Stereotype hinsichtlich der Geschlechtlichkeit bzw. der Geschlechtsunterschiede hinterfragt. Des Weiteren werden die Bereiche der Kommunikation, des Konkurrenzverhaltens, der Akzeptanz und der Einflussnahme von Übertragung und Gegenübertragung, wie auch geschlechtsspezifische Arbeitsinhalte und Methoden sowie erotische Spannungen im Supervisionsprozess begutachtet.

Mit Hilfe qualitativer Interviews wurden acht Supervisandinnen mit und ohne Leitungsfunktion sowie einem Berufseinstiegsdatum vor und nach dem seit 1999 in Kraft getretenen Gendermainstream aus dem Bereich der sozialen Arbeit befragt. Die Ergebnisse dieser Untersuchung zeigen in erster Linie, dass männliche Supervisoren im Besonderen bevorzug werden, wenn es darum geht weibliche Supervisionteilnehmerinne in Fallsupervisionen dahingehend zu begleiten, eine männliche Außenansicht darzustellen. Auch hinsichtlich der in Anspruchnahme von Coaching durch Supervisandinnen mit Leitungsfunktion zeigt sich, dass diese zumindest auch die Begleitung eines männlichen Coaches in Anspruch nehmen und sich die dem männlichen Supervisor zugeschriebene Arbeitsweise wie beispielsweise eine entsprechende Zielorientiertheit, so wie Klarheit und Distanz im Supervisionsprozess zu Eigen machen. Ansonsten gilt es aus ganz persönlichen und individuellen Gründen heraus einen männlichen Supervisor für das Supervisionssetting zu engagieren.

Abstract

This master thesis with the title „Are men „better" supervisors?" examined when and under which conditions female supervisees, active in the field of social work, prefer male supervisors. It was written within the upgrade "Master of Science- MSc (Supervision)" at the ARGE educational management Vienna 2012. The main aim of this study is to investigate under which circumstances, on which topics and in which areas female supervisees prefer male supervisors. In doing so, selection criteria, the appropriate environment as well as the choice of setting were examined. Additionally, perceptions from preliminary talks, expectations regarding the supervisory process together with role ascription, stereotypes on sexuality and the differences between the sexes were questioned. Furthermore, themes on communication, competitive behavior, acceptance and the influence of projection and counterprojection, gender-specific methods as well as erotic themes were dealt with.

Qualitative interviews were conducted with eight female supervisees, partly in leading positions as well as, and with a career entry before and after the since 1999 existing Gendermainstream in the realm oft the social work. The results observed in this investigation showed that male supervisors are particularly preferred, when female supervisees require a male perspective. Concerning female supervisees in leading positions, the findings indicate that male supervisors are preferred because of different work qualities attributed to men. Overall, the qualities named were their goal-orientation, their clarity and above all that they keep their distance from the supervisory process. Apart from that, the reasons for employing a male supervisor were personal and individual ones.

Einleitung

In meiner beruflichen Tätigkeit als Diplom-Sozialbetreuer und Sozialpädagoge, aber vor allem als Supervisor habe ich wahrgenommen, dass Frauen und hier besonders Frauen aus dem beruflichen Kontext der sozialen Arbeit vorzugsweise einen männlichen Supervisor in Anspruch nehmen bzw. nehmen würden. Besonders deutlich habe ich dies in Gruppen-, Fall- und Teamsupervisionen wahrnehmen können, bei denen die teilnehmenden Personen überwiegend aus weiblichen Supervisandinnen bestanden. Da ich - wie bereits erwähnt - selbst Supervisor bin und sich diese Gegebenheit demnach als besonders interessant für mich darstellt, gerade auch weil ich selbst zu einem großen Teil mit Frauen aus dem sozialen Arbeitsfeld arbeite, möchte ich mich in der folgenden Masterthesis diesem Thema widmen. Speziell interessieren mich auch die Themenbereiche und die Umstände, die Frauen dazu veranlassen sich einem männlichen Supervisor anzuvertrauen nicht zuletzt, weil ich mir als solcher auch Gedanken darüber mache, welches zusätzlichen Wissen hilfreich wäre und es sich anzueignen gilt, um eine entsprechende Begleitung darzustellen. Auch der in dieser Arbeit behandelte „Genderaspekt" und die damit einhergehende „Gendersensibilität" sowie etwaiges Rollenverhalten und vorherrschende Rollenerwartungen in Supervisionsprozessen scheinen mir hinsichtlich meiner bisherigen Erfahrung wichtig reflektierens- und berücksichtigenswert zu sein.

Kennzeichnend für die Supervision im sozialen Bereich ist, dass von Kolleginnen der Supervisionszunft des Öfteren zu vernehmen ist, es sei für einen männlichen Supervisor „leichter" in weiblichen bzw. überwiegend weiblichen Supervisionsgruppen zu bestehen als für weibliche Supervisorinnen. Ihrer Meinung nach sind hierbei „bessere" Grundvoraussetzungen für einen männlichen Supervisor als für eine weibliche Kollegin gegeben. Auch die Annahme, dass es für einen männlichen Supervisor, alleine aus der Gegebenheit heraus, dass er ein Mann ist, weniger Gegenwehr und mehr Akzeptanz gibt, scheint einem einheitlichen Tenor zu entsprechen. In diesem Zusammenhang wird die Aussage einer Betreuerin im Sozialbereich eingeworfen, die da lautet: „Und wenn der männliche Supervisor auch noch gut aussieht, benehmen sich sowieso alle Frauen wie gackernde Hühner und er kann machen was er will". Solche oder ähnliche Aussagen können oftmals vernommen werden und es stellt sich die Frage, ob solche Wahrnehmungen von weiblichen Supervisionskolleginnen nur auf Luft gebaut oder ernst zu nehmen sind.

Aus diesen Annahmen heraus stellt sich die Frage, die es in der qualitativen Untersuchung zu beantworten gilt: „Wann und warum bevorzugen Supervisandinnen aus dem sozialen Arbeitsbereich das Geschlecht eines männlichen Supervisors?" Bezugnehmend auf den Titel der Arbeit „Sind Männer die „besseren" Supervisoren?" sei bemerkt, dass der Verfasser dieser Arbeit natürlich nicht davon ausgeht, dass Männer „bessere" Supervisoren sind, vielmehr geht es darum - und so stellt sich auch die These dar - zu erkunden, in welchen Bereichen und zu welchen Gegebenheiten männliche Supervisoren gegenüber ihren weiblichen Kolleginnen den Vorzug bekommen.

Um einigen der bereits genannten und noch folgenden Annahmen und Vermutungen hinsichtlich einer Bevorzugung eines männlichen Supervisors auf den Grund zu gehen, wird in der Aufarbeitung des Erkenntnisstandes und der später folgenden qualitativen Erhebung hierauf Bezug genommen.

Diese Arbeit soll trotz des starken Bezuges zur Geschlechtlichkeit und deren Umstände primär nicht als Grundlage für Genderdiskussionen verstanden werden, auch wenn sich dies anbietet. Ebenso soll diese Arbeit keinen unumstößlichen Leitfaden für supervisorisches Verhalten darstellen und bezüglich der Unterschiedlichkeit von Geschlecht, darf diese nicht - da sie ja oft nur auf Annahmen beruht - als gottgegeben betrachtet werden. Diese Arbeit und die Ergebnisse meiner qualitativen Erhebung sollten für Supervisoren und Supervisorinnen in erster Linie anregend wirken und Anstoß geben, etwaige Schwerpunkte und Themenblöcke genauer zu reflektieren und sich gegebenenfalls ein Mehrwissen darüber anzueignen, um dieses im Supervisionsprozess wie auch beispielsweise in der Akquise geltend machen zu können.

Bezugnehmend auf die Literaturrecherche und den damit einhergehenden Untersuchungsschwerpunkten lassen sich nur wenige Erhebungsergebnisse speziell zur Thematik meiner Masterthese finden. Einige jedoch beleuchten ähnliche Aspekte, wobei vor allem der Bereich rund um die Begrifflichkeit des „Gender" stark im Kommen zu sein scheint. So kann der theoretische Input dieser Arbeit wie auch die qualitative Untersuchung als Ergänzung zu bereits abgeschlossenen Darstellungen gesehen werden und soll eine zusätzliche Erkenntnis bieten.

Um das allgemeine Verständnis von Supervision zu fördern, beginnt diese Arbeit mit diversen Definitionsansätzen und einem kurzen historischen Rückblick bezüglich dieser Beratungsform. Weiters wird der Versuch unternommen, Bilder einer gelungenen Supervision zu zeichnen, verschiedene Formen und Settingvarianten sowie eine Abgrenzung zur Psychoanalytik und Psychotherapie darzustellen. Besonders in Bezug auf die Erwartungen an eine gelungene Supervision gilt es darauf zu achten, welche Erwartungen im Speziellen für Supervisandinnen Vorrang haben und sich eventuell - wie im nachstehenden Kapitel des Auswahlprozesses beschrieben - für diesen verantwortlich zeigen. Anschließend wird auf jene Erwartungen Bezug genommen, die sowohl an Supervisoren und Supervisorinnen gestellt werden, wobei sich aus dieser allgemeinen Beschau heraus die Frage ergibt, wie sich diese Erwartungen hinsichtlich der Geschlechterzugehörigkeit des Supervisors bzw. der Supervisorin darstellen. Welche Ansprüche werden von Supervisandinnen im Konkreten an männliche Supervisoren herangetragen und wollen erfüllt werden? Welche Kriterien, Aspekte und eventuell auch Sehnsüchte nehmen Einfluss hinsichtlich einer Bevorzugung eines männlichen Supervisors? Im Abgleich dazu wird eine Gegenüberstellung der Erwartungen an eine weibliche Supervisorin seitens von Supervisanden und vor allem von Supervisandinnen durchgeführt. Auch der Aspekt der Übertragungs- bzw. Gegenübertragungstheorie und jener von Machtverhältnissen sowie die Gegebenheit von erotischen Spannungen in Supervisionsprozessen scheinen erwähnens- und reflektierenswert, immer wieder mit einem Blick auf die Annahme, dass Frauen, die im Sozialbereich tätig sind, zumindest für gewisse Themenbereiche männliche Supervisoren bevorzugen.

Der zweite große Themenblock dieser Arbeit betrifft die Gegebenheit des Mann- und Frau-Seins, die Unterschiedlichkeit bzw. Zweigeschlechtlichkeit aus biologischer wie auch aus sozialer, gesellschaftlicher und kultureller Sicht. Im Vordergrund stehen hier besonders die Einflussnahme von Geschlechtsstereotype und Geschlechterrollen auch aus einer historisch und erzieherisch geprägten Geschichte heraus. Annahmen wie beispielsweise, dass ein männlicher Supervisor durch geprägte Geschlechterrollen als kompetenter und überlegen wahrgenommen wird oder Sehnsüchte nach männliche Attributen können bei Entscheidungen für einen männlichen Supervisor als Prozessbegleiter zum Tragen kommen.

Des Weiteren wird ein genauerer Blick auf etwaige Frauenthemen in Supervisionsprozessen geworfen. Welches Geschlecht hinsichtlich eines Supervisors bzw. einer Supervisorin scheint wohl prädestinierter, um entsprechende Frauenthemen zu behandeln und welche Kommunikationsformen und vor allem Kommunikationsunterschiede könnten sich dabei bemerkbar machen und auszeichnen. Ein weiterer wesentlicher Gegenstand ist jener der Genderkompetenz und der Gendersensibilität, der sich unter dem Überbegriff des „Gendermainstream" Platz verschafft und seine Umsetzung verlangen. Gerade dieser gendersensible Ansatz gepaart mit all den in dieser Arbeit angeführten Aspekten und Auswahlkriterien könnte ausschlaggebend für eine zufriedenstellende Entscheidung hinsichtlich des Geschlechts des Supervisors bzw. der Supervisorin sein.

Als letzter Teil der theoretischen Ausführung steht jener des Bereichs der sozialen Arbeit auf dem Programm. Es stellt sich die Frage, warum Männer und Frauen diesen Arbeitsbereich wählen, welche Hintergründe hierbei ausschlaggebend sind und wie sich diese Umstände, Schwerpunkte und Unterschiede in Supervisionsprozessen präsentieren.

Der Abschnitt der qualitativen Untersuchung wird der Fragestellung: „Wann und warum bevorzugen Supervisandinnen aus dem sozialen Arbeitsbereich das Geschlecht eines männlichen Supervisors?" gewidmet. Hierbei wird die These, dass im Sozialbereich tätige Frauen das Geschlecht des männlichen Supervisors bevorzugen, überprüft und die erworbene Ergebnisse präsentiert.

Inhaltsverzeichnis

I. Supervision

1. Supervision allgemein

In den folgenden Kapiteln wird dargestellt, was Supervision bedeutet und ein Grundriss über die Tätigkeit eines Supervisors zu vermitteln.

Zum allgemeinen Verständnis ist anzumerken, dass Supervision eine zeitlich beschränkte Beziehung zwischen einem Berater und einem Klienten(-system) ist (vgl. Fatzer, 2005, S. 10), wobei Supervision anders als im Bereich der Wirtschaft (vgl. Schreyögg, 2010, S. 392) in vielen Arbeitsfeldern und Einrichtungen des Sozial- und Gesundheitswesens zum normalen Standard gehört und regelmäßig in Anspruch genommen wird (vgl. Belardi 2005, S. 60; vgl. Schreyögg, 2010, S. 17). Supervision soll ein qualifiziertes Instrument zur Bewältigung beruflicher Fragestellungen in Hinsicht auf Themen, Probleme, Konflikte, Konzept- und Perspektivenfindung sein sowie eine gezielte Begleitung von Veränderungsprozessen darstellen, die eine Erweiterung von Reflexions- und Handlungsmöglichkeiten zum Ziel hat (vgl. Gotthardt-Lorenz & Schüers, 1997, S. 14 - 22). Zahlreiche Publikationen in Fachzeitschriften zeugen gegenwärtig von der Etablierung des Gegenstandes Supervision (vgl. Eck, 2005, S. 17), der sich mit zahlreichen Methoden wie Balint, Casework, Andragogik, Praxisanleitung, Ausbildungssupervision, angewandte Gruppendynamik, Psychodrama, systemische Beratung, Neurolinguistisches Programmieren und Methoden der Organisationsentwicklung auseinander setzt (vgl. Rappe-Giesecke, 2009, S. 10). Ein weiterer wichtiger Ansatz ist jener der Integrativen Supervision, wobei: „Der Integrative Ansatz fasst Supervision sehr weit und versteht sie als „kritische und anwendungsbezogene Sozialwissenschaft", aber auch als „Metadisziplin", die sich unter anderem auf Theorien der angewandten Human-, Sozial- und Organisationswissenschaften bezieht". (Abdul-Hussain, 2012, S. 49) Bereits hier lässt sich Ansatzweise erkennen wie umfangreich und vielfältig das Arbeitsfeld der Supervision sein kann (vgl. Schreyögg, 2010, S. 23), was unter anderem auch ein Grund dafür zu sein scheint, dass es momentan keine allgemeine konsensfähige Definition der Supervision bzw. kein geschlossenes Theoriegebäude, keinen eindeutigen Methodenkanon gibt. Das einstmalige Bedürfnis der Abgrenzung zu anderen Beratungsformen ist dem

Bedürfnis nach Integration verschiedenster Anwendungsformen gewichen. Mitunter beschreibt Claus D. Eck eine Unschärfe der Definitionsversuche von Supervision (vgl. Eck, 2005, S. 17f) und es stellt sich die Frage, worin der Gegenstand der Supervision überhaupt besteht (vgl. Schreyögg, 2010, S. 17).

Ein Unterschied, der etwas Klarheit in Hinsicht auf eine mögliche Abgrenzung zu ähnlichen Arbeitsfeldern präsentiert ist jener, dass Supervision die Aufgabe hat, sich im Konkreten mit Thematiken auseinander zu setzen, die den beruflichen Kontext betreffen (vgl. Walther, 1997, S. 92; vgl. Rappe Giesecke, 2009, S. 3), wobei sich hier die Frage stellt, inwieweit sich Privat-Persönliches vom Beruflichen trennen lässt bzw. eine Einflussnahme auszuschließen ist.

1.1. Definition von Supervision

Die Begrifflichkeit der „Supervision" entstammt dem ökonomischen bzw. administrativen Bereich (vgl. Schreyögg, 2010, S. 18), stellt ursprünglich einen Gegenstand der amerikanischen Sozialarbeit dar und bedeutet hierbei übersetzt: Aufsicht (vgl. Sauer, 1997, S. 27). Supervision, aus dem Lateinischen (supervidere) kommend, bedeutet „von oben sehen, etwas aus der Distanz, von einem übergeordneten Standpunkt aus betrachten". (Mutzeck, 2008, S. 49)

Zur Herkunft (laut www.duden.de):
englisch **supervision** << mittellateinisch supervisio = Aufsicht

Zur Bedeutung (laut www.duden.de):
a) **Supervision** - (in einem Betrieb, einer Organisation o.Ä.) zur Klärung von Konflikten, Problemen innerhalb eines Teams, einer Abteilung o.Ä. und zur Erhöhung der Arbeits- und Leistungsfähigkeit eingesetzte Methode
b) **Supervision** – (in der psychoanalytischen Praxis) Beratung und Beaufsichtigung von Psychotherapeuten

11

Ist im vorigen Kapitel die Begrifflichkeit von Supervision etwas allgemein gehalten, wird nun etwas genauer auf die Definition bzw. Definitionsansätze eingegangen und einige Erklärungsversuche gestartet.

Grundsätzlich gilt es - wie später auch im Kapitel *1.1.1. Historischer Hintergrund* erwähnt - zwei Arten von Supervision zu unterscheiden.

Die **„administrative Supervision"** bezeichnet eine Führungsfunktion in Produktion und Dienstleistungsunternehmen die Kontrollaufgaben innehat.

Die **„clinical Supervision"**, sprich die „sozialarbeiterische Supervision" - auf die sich auch meine folgende Arbeit beziehen wird - ist eine Personalentwicklungsform, die ursprünglich eine Auseinandersetzung mit sozialen Handlungsvollzügen von Praktikern geboten hat. Diese Realisierung geschieht über eine kognitiv orientierte Fachberatung, eine psychotherapie-ähnliche Beratung oder eine Organisationsberatung. Die Themen und die durch den Kontext geprägten Beziehungen charakterisieren die supervisorische Situation. Ebenso beinhaltet diese Supervisionsform abgrenzend zur administrativen die Aspekte, dass sich der Supervisand bzw. die Supervisandin den Supervisor selbst wählen kann, dass das Setting einen „rein freiwillig Rahmen" findet und kein Kontrollmoment gegeben ist. Zusammenfassend lassen sich drei wichtige Phasen in Bezug auf das Verständnis von Supervision anführen: die „administrative", die „psychologisierte" wie auch eine „soziologisierte" Funktion (vgl. Schreyögg, 2010, S. 18 - 24).

Als kurze prägnante Ergänzung zu dem bereits Erwähnten wäre Folgendes anzuführen: „Die Supervision bietet die Möglichkeit, Wissen über die Organisation und die eigene Rolle darin zu erwerben, [...]. (Kogelbauer, 1997, S. 302) So gilt: „Supervision ist personenbezogene berufliche Beratung für Professionals. Ihre Aufgabe ist es, Einzelne, Gruppen und Teams von Professionals zu individueller und sozialer Selbstreflexion zu befähigen. Ziel dieser Reflexion ist die Überprüfung und Optimierung des beruflichen und methodischen Handelns". (Rappe-Giesecke, 2009, S. 3) „Supervision und Coaching finden in einem Alltag statt, in dem die Plausibilität und scheinbare Natürlichkeit der Geschlechterordnung in Hierarchie,

Geschlechtersegregation, Arbeitsbereichen und Organisationsstrukturen unterbrochen wirkt". (Scheffler, 1999, S. 181; zit. n. Klinser, 2000, S. 73)

Zuletzt folgt die Definition der **Österreichischen Vereinigung für Supervision**, der im späteren ein eigenes Kapitel gewidmet wird und die in Supervisionskreisen allgemeine Gültigkeit zeigt: „Supervision ist eine professionelle Beratungsmethode für alle Herausforderungen im beruflichen Kontext. Die Supervisorin/der Supervisor unterstützt dabei, berufliche Handlungen zielgerecht, effizient und erfolgreich zu gestalten". (Österreichische Vereinigung für Supervision, Folder 2008, www.oevs.or.at)

1.1.1. Historischer Hintergrund

In der geschichtlichen Darstellung der Supervision soll einerseits die enge Verbundenheit zur „Sozialen Arbeit", andererseits der Werdegang mit all seinen prägenden Eckpfeilern aufgezeigt werden, auch wenn sich laut Brandauer klar umrissene Phasen der Entwicklung nur schwerlich bezeichnen lassen (vgl. Brandauer,1996, S. 13).

In der amerikanischen Literatur war bis zirka 1920 Supervision als eine staatliche Überwachung von Wohlfahrtseinrichtungen definiert (vgl. Sauer, 1997, S. 27). Supervision hatte die Aufgabe, ehrenamtliche MitarbeiterInnen von Wohlfahrtsunternehmen zu beraten und gleichzeitig zu kontrollieren (vgl. Rappe-Giesecke, 2009, S. 2). Personen, die beispielsweise die Übersicht und Kontrolle der Geldverteilung in etwaigen Wohlfahrtseinrichtungen innehatten, werden als Vorgänger/Vorgängerinnen von Supervisoren/Supervisorinnen dargestellt. Dieser Umstand beschreibt den im Kapitel *1.1. Definition von Supervision* bereits angeführten „administrativen Zugang".

Schon im Ursprung supervisorischen Handelns war neben dem Aspekt der Aufsicht jener der Arbeit an der Beziehung mit KlientInnen erkennbar. Anfangs waren es sogenannte „friendly visitors", die meist Damen der guten Gesellschaft waren und sich um bedürftige Familien kümmerten. Diese Aufgabenbereiche wurden zunehmend professionalisiert und förderten die Sozialarbeit in ihrer Urform (vgl. Sauer, 1997, S. 28). Hier lässt sich bereits erkennen, dass in großem Maße überwiegend Frauen diese Funktion bekleideten. Mit zunehmender

Einflussnahme psychoanalytischer Ansätze, der Auseinandersetzung mit dem eigenen Beitrag bei Interaktionsprozessen mit Klienten bzw. Klientinnen (vgl. Schreyögg, 2004, S. 18f) und aus der Erkenntnis heraus, dass man in der Arbeit mit Menschen in sozialen Schwierigkeiten auch etwas von ihnen verstehen muss, bedienten sich Sozialarbeiterinnen zunehmend eines Supervisors, der ihnen bei der Bewältigung eigener psychischer Konflikte behilflich war (vgl. Sauer, 1997, S. 28). Dies förderte zwischen 1920 bis 1960 den Gegenstand der ebenfalls bereits erwähnten „Clinical Supervision" zu Tage, wobei die helfende Funktion des Supervisors gegenüber der administrativen in den Vordergrund rückte (vgl. Brandauer, 1996, S. 13). Daraus ergibt sich: „Supervision im Sinne von „klinischer Supervision" ist wahrscheinlich das weltweit bekannteste Format im Ensemble der personenorientierten Beratungsformate". (Schreyögg, 2004, S. 391)

In Hinsicht auf die Entwicklung der Supervision in Österreich wäre Folgendes zu bemerken: „Die Vorläufer von Supervision gehen in Österreich natürlich auf die Tiefenpsychologie zurück [...]". (Sauer, 1997, S. 29) Das Reflektieren beruflichen Handelns wird als Möglichkeit des besseren Verstehens der KlientInnen herangezogen. Die Entwicklung der Supervision ist durch innovative sozial orientierte Projekte zunehmend vorangetrieben worden und im Zuge einer Professionalisierung gibt es seit 1983 spezielle Ausbildungslehrgänge, welche die Anerkennung als berufsqualifizierendes psychohygienisches Instrument förderten (vgl. Sauer, 1997, S. 27 - 38).

1.1.2. Österreichische Vereinigung für Supervision

Wenn man - wie im vorangehenden Kapitel - einen historischen Rückblick tätigt, die Entstehung und den Werdegang bis hin zur Gegenwart betrachtet, darf man die Gründung bzw. das Bestehen der „Österreichischen Vereinigung für Supervision", die einen wesentlichen Beitrag für die in Österreich ansässige Supervisionsszene und für alle daran Interessierten leistet, keines Falls außer Acht lassen. In Bezug darauf ist zu bemerken:

Mit der Gründung der Österreichischen Vereinigung für Supervision [...] am 17. Mai 1994 in St. Pölten, begann eine neue Ära der Supervision. Die ÖVS versteht sich als ein Zusammenschluss von in diesem Land arbeitenden Supervisoren. Seit der Gründung bemüht sich die ÖVS, die

Qualität in Praxis und Ausbildung von Supervision zu sichern und die Präzisierung des Berufsbildes „Supervisor" voranzutreiben. (Sauer, 1997, S. 38f)

So lässt sich als Ziel der ÖVS (Österreichische Vereinigung für Supervision) nennen: „[...] das hohe Niveau von Supervision und Coaching aufrecht zu erhalten und ständig weiter zu entwickeln". (Österreichische Vereinigung für Supervision, Folder 2008, www.oevs.or.at)

1.2. Warum Supervision, oder was Supervision leisten kann und was nicht

Wie bisher und auch noch in Folge dieser Arbeit ausführlich erläutert, umfasst Supervision ein breite Palette an Ansätzen, Methoden, Interventionen und Settings, was für den Supervisanden bzw. die Supervisandin eine große Auswahl an Möglichkeiten eröffnet.

Die Supervisoren bzw. Supervisorinnen stellen sich als Person mit ihren Methoden, Interventionen, Erfahrungen sowie ihrer Empathie zur Verfügung und verhelfen dem Supervisanden bzw. der Supervisandin dazu, ihre inneren Ressourcen zum Vorschein zu bringen und im Zuge dessen Lösungsansätze zu entwickeln. Hier sollte auch noch erwähnt werden, dass bei Inanspruchnahme von Supervision seitens der Supervisanden und Supervisandinnen eine „normale" psychische und physische Belastbarkeit gegeben sein sollte (vgl. Kühne-Eisendle, 2006, S. 17).

Hinführend zu der Frage was Supervision leisten kann bzw. welche Möglichkeiten sie bietet sei gesagt: „Supervision hilft sowohl Einzelpersonen als auch Gruppen neue Dimensionen und Möglichkeiten zu entdecken. Durch Querdenken und Fragen initiiert der Supervisor bzw. die Supervisorin neue Sichtweisen, Antworten und Lösungen".

Supervision bietet:

- Reflexion und Entscheidungshilfe bei aktuellen Anlässen
- Unterstützung in herausfordernden oder belastenden Arbeitssituationen und Konflikten
- Klärung und Gestaltung von Aufgaben, Aufträgen, Funktionen und Rollenumkehr
- Begleitung bei Veränderungsprozessen und deren Bewältigung

15

- Innovative Lösungen bei neuen Fragestellungen

- Mobbing- und Burnout-Prophylaxe

(Österreichische Vereinigung für Supervision, Folder 2008, www.oevs.or.at)

Weiters bietet Supervision Unterstützung und Begleitung von formalen Maßnahmen der Qualitätssicherung, gilt vor Gericht als Qualitätsnachweis bzw. kann als solcher geltend gemacht werden (vgl. Belardi, 2005, S. 52).

Bezug nehmend darauf was Supervision nicht leisten kann, sei gesagt, dass diese keine Therapie oder Selbsterfahrung sowie keine fachliche Weiter- oder Fortbildung ersetzen soll, kann und darf (vgl. Kühne-Eisendle, 2006, S.17).

1.2.1. Annäherung an eine gelungene Supervision

Nun stellt sich die Frage, wann eine Supervision als gelungen wahrgenommen werden kann. Natürlich könnten alle bislang angeführten Aufgaben und Zielsetzungen von Supervision herangezogen und auf ihre Umsetzung und Wirkung überprüft bzw. evaluiert werden. Primär geht es hier aber wohl auch um das Erfüllen von Erwartungen, die Supervisanden und Supervisandinnen an den Supervisionsprozess stellen. Insbesondere Frauen wünschen sich von einer „gelungenen Supervision" in erster Linie Unterstützung hinsichtlich ihrer Problemstellungen und wollen beim Verlassen der Supervision ein lebendiges Empfinden verspüren. Sie erwarten sich hierbei vom Supervisor bzw. der Supervisorin Fragen hinsichtlich ihrer Befindlichkeit und ihrer persönlichen Erwartungen sowie der Teamerwartung (vgl. Brandlmayr, 2009, S. 56 - 58).

Als weitere Aspekte einer gelungenen Supervision sind anzuführen: „Eine gute Supervision schafft Raum für Dialoge [...]. Eine gute Supervision muss in der Lage sein, stabile und haltende Rahmenbedingungen herzustellen - [...] - in denen sich Chaos entwickeln kann". (Rappe-Giesecke, 2009, S. 27) Ebenso gilt: „Supervision ist nur dann gute Supervision, wenn sie - genau wie die Forschung - übertragbares Wissen schafft und damit nachhaltig wirkt". (Rappe-Giesecke, 2009, S. 11)

Das vorrangige Bedürfnis hinsichtlich einer gelungenen Supervision besteht darin, dass der Supervisor bzw. die Supervisorin zuhört und unterstützt sowie dass dieser bzw. diese unbedingt Neutralität und Distanz wahrt. Die Supervision soll einen Schutz für Arbeits- und Beziehungsklärung geben und eine Art Rettungsanker für berufliche und persönliche Krisen darstellen. Eine entsprechende Supervision soll begleitend wirken und die Arbeitsfähigkeit eines Teams herstellen bzw. verbessern. Auch Erfahrungen, die einen Aha-Effekt nach sich ziehen, sind erwünscht und gelten als Kriterien für eine gelungene Supervision (vgl. Erger & Molling, 1991, S. 83 - 87). Wichtig ist auch, dass ein Supervisor bzw. eine Supervisorin Interventionen und Methoden im Repertoire hat, die an den Ressourcen und nicht an den Defiziten der Supervisandinnen und Supervisanden ansetzen. Weiters sollte ein Supervisor bzw. eine Supervisorin die Kompetenz aufweisen, neben Berücksichtigung der Eigendynamik und den Rollenwidersprüchen der Supervisanden bzw. der Supervisandinnen auch die Auswirkungen die den seelischen Prozess dieser und die Interaktion in der auszuführenden Zusammenarbeit sowie die Organisation in ihren verschiedenen strukturellen und prozessualen Elementen wahrzunehmen. Als das Instrument zur Wahrnehmung der Qualitätskriterien bezüglich eines Supervisionsprozesses wird ein entsprechendes Gefühl des Klienten bzw. der Klientin genannt (vgl. Buchinger & Klinkhammer, 2007, S. 35 - 38). Des Weiteren ist anzuführen, dass für eine gelungene Supervision dem Supervisanden bzw. der Supervisandin ein empathisches ganzheitliches Verständnis entgegengebracht werden muss (vgl. Erger & Molling, 1991, S. 25). Natürlich bestände noch die Möglichkeit sich genauer mit Evaluation von Supervision und der Überprüfung von Supervisionserfolgen und Ergebnissen auseinanderzusetzen, dies wird in dieser Arbeit aber nicht genauer behandelt.

1.3. Formen und Settings von Supervision

In Bezug auf Formen und Settings der Supervision folgt nun ein kurzer Überblick über die bereits angesprochene Vielfalt.

Rappe-Giesecke nennt vier Varianten von Supervision:

- Die **administrative Supervision** gilt - wie schon im Kapitel *1.1. Definition von Supervision* beschrieben - als die älteste Supervisionsform und könnte gegenwärtig als

>>die Führungskraft als Coach<< tituliert werden. Der Supervisor bzw. die Supervisorin muss die Interessen der Organisation vertreten und gleichermaßen die Entwicklung des Mitarbeiters bzw. der Mitarbeiterin begleiten (vgl. Rappe-Giesecke, 2009, S. 3 - 5). Hier gilt: „Diese Form wird nicht von ausgebildeten SupervisorInnen praktiziert, sondern von Führungskräften, die eine Qualifikation in Beratung und dem Führen von Mitabeitergesprächen haben sollen [...]." (ebd.)

- In der **Ausbildungssupervision** werden AusbildungkandidatInnen von erfahrenen KollegInnen in ihrer professionellen Praxis begleitet und supervisiert (vgl. ebd.).

- **Supervision** stellt **im Rahmen von Organisationsentwicklungsprozessen** eine personenbezogene Beratung als Element dar. In diesem Zusammenhang sollte Supervision unterstützen, dass neue formell geregelte Aspekte und Änderungen auch entsprechend nachhaltig umgesetzte werden (vgl. Rappe-Giesecke, 2009, S. 7).

- Die **berufsbegleitende Supervision** tritt in der Praxis am häufigsten auf und wird von Rappe-Giesecke in weitere drei Settingformen unterteilt. In diesen drei Formen beschäftigt sich die berufsbegleitende Supervision damit, wie die Arbeit mit den KlientInnen aussieht *(klientenbezogene Supervision)*, wie man miteinander kooperiert *(kooperationsbezogene Supervision)* oder damit, was die Merkmale und Aufgaben der eigenen Rolle innerhalb der Organisationen sind *(rollenbezogene Supervision)* (vgl. Rappe-Giesecke, 2009, S. 8).

Ein weiterer hier zu nennender Aspekt wäre, dass zweierlei Arten von Prozessbegleitung in der Supervision vorherrschen. Diesbezüglich kann sich die Begleitung „intern" gestalten, was heißt, dass der Supervisor bzw. die Supervisorin ein Mitarbeiter bzw. Angestellter in der Organisation in der er als solcher tätig ist, ist. Dies betrifft überwiegend die „administrative Supervision". So gilt: „Zum Zwecke einer berufsbezogenen Beratung/Supervision, wird eine spezialisierte Fachperson auf eine Planstelle in der Organisation gesetzt. Naturgemäß sind dann Vorbehalte und Widerstände der Supervision größer. [...]. Ferner ist leichter die Gefahr gegeben, dass die persönliche, berufliche und organisatorische Ebene vermischt werden, weil man aufgrund von Äußerungen berufliche Nachteile zu befürchten glaubt". (Belardi, 1998, S. 36)

In der zweiten Variante wird der Supervisor bzw. die Supervisorin als „extern" benannt, ist meist freiberuflich aktiv und steht somit in keinem herkömmlichen Angestelltenverhältnis mit dem Auftraggeber. Er wird von außen kommend als unabhängige Person eingesetzt bzw. zugekauft, was dem Standard der „Clinical Supervision" entspricht (vgl. Schreyögg, 2010, S. 394f). Demnach zählt: „Zum Zwecke einer berufsbezogenen Beratung/Supervision wird eine fremde Fachperson gegen Honorar für einen zeitlich begrenzten Auftrag in die Organisation hinein geholt. Die meist nebenberuflichen Supervisoren haben den Vorteil, dass sie nicht in der Hierarchie der Institution eingebunden sind. Die Supervisanden können eher ein Vertrauensverhältnis zu ihnen und untereinander entwickeln". (Belardi, 1998, S. 36) Ergänzend sei noch erwähnt, dass die Profession der Supervision sowohl hauptberuflich als auch nebenberuflich ausgeübt werden kann (vgl. Schreyögg, 2010, S. 22).

Klar strukturiert scheint das Konzept der Supervision in Bezug auf die verschiedenen Setting-Angebote. Wurde Supervision vorerst eher als Einzelsupervision ausgetragen, gewann sie zunehmend auch in gruppenanalytischer Richtung, in Bezug auf Gruppendynamik und Supervisionsprozesse, im Mehrpersonensetting an Bedeutung (vgl. Sauer, 1997, S. 33; vgl. Rappe-Giesecke, 2009, S. 3). Die wesentliche methodische Grundorientierung unterscheidet sich gegenwärtig zwischen der Einzel-, Gruppen- und Teamsupervision (vgl. Gotthardt-Lorenz & Schüers, 1997, S. 21), was heißt, dass die Anwendungsgebiete von Supervision sich auf Einzelpersonen, Gruppen und Teams oder dazu ergänzend auf ganze Systeme bzw. Organisationen berufen (vgl. Fatzer, 2005, S. 8).

Die verschiedenen Setting-Varianten stellen sich wie folgt dar:

1.3.1. Einzelsupervision

Zum Setting der Einzelsupervision ist zu sagen, dass diese im Normalfall einem Vieraugengespräch entspricht und eine Beziehungsarbeit mit einem „Professionellen Kommunikator" darstellt, wobei der Gegenstand einer jeden Beziehungsarbeit eine lebendige Person ist (vgl. Looss, 2005, S. 195 - 198).

Das heißt: „Supervision findet - einfach gesagt - immer dort statt, wenn (irgend)ein Beziehungsarbeiter seine berufliche Erfahrung in einer Beziehungssituation mit einem dritten Menschen bespricht und in dieser Auswertungssituation versucht, dabei etwas für sich zu lernen". (Harmann & Tarleton, 1983, S. 30; zit. n. Looss, 2005, S. 200)

Der Vorteil der Einzelsupervision liegt darin, dass man sich intensiv mit einer Person auseinandersetzt und diese somit - anders als im Mehrpersonensetting - die ungeteilte Zeit und Aufmerksamkeit bekommt um in Ruhe und Konzentration die beruflichen Themenstellungen reflektieren zu können (vgl. Wolf, 1997, S. 297f).

1.3.2. Gruppensupervision

Gruppensupervision entspricht einem Mehrpersonensetting mit geringer Institutionalisierung (vgl. Rappe-Gieseke, 1994, S. 9). Hieraus geht hervor, dass die Supervisanden und Supervisandinnen kein organisatorisches System oder Teilsystem darstellen (vgl. Schreyögg, 2010, S. 307). Die Teilnehmer bzw. Teilnehmerinnen bilden somit kein Team im herkömmlichen Sinne, können verschiedensten Berufsgruppen angehören und stehen nicht durch regelmäßige berufliche Kooperation miteinander in Verbindung (vgl. Walther, 1997, S. 92). Beispielsweise kann von einer Gruppenvision gesprochen werden wenn: „[...] sich Mitglieder einer oder mehrerer Berufsgruppen (ÄrztInnen, SozialarbeiterInnen, AltenbetreuerInnen, LehrerInnen, BewährungshelferInnen, et cetera) unter der Anleitung eines Supervisors oder einer Supervisorin zu einer Gruppe zusammenfinden, um ihre berufliche Situation zu reflektieren und gemeinsam berufliche Probleme zu bearbeiten". (Walther, 1997, S. 92)

Ergänzend wird angeführt: „Gruppensupervision hat als Zentrum vielmehr immer die >>draußen<< stattfindende Arbeit eines der Gruppenmitglieder, die durch einen Bericht in irgendeiner Form nach >>innen<< in die Gruppe gelangt und erst damit den anderen bekannt wird". (Raguse, 2005, S. 249)

Als eine - zumindest in ihren Grundlagen - oft angewandte Methode in Gruppen- sowie auch in der Team- und Fallsupervision gilt die „Balint-Methode". Anzuführen ist: „Kern der

Balintarbeit ist die psychoanalytische Untersuchung von >>Professional-Klienten-Beziehungen<< auf der Grundlage des psychoanalytischen Gegenübertragungskonzepts und unter methodisch gesteuerter Benutzung des von Michael Balint entdeckten >>Spiegelphänomens<<". (Gnädinger, 2005, S. 278)

1.3.3. Teamsupervision

Anders als bei der gerade angeführten Gruppensupervision liegt bei der Teamsupervision ein gruppales System vor, also ein Team, das einen Bezug zu einem organisatorischen System aufweist. (vgl. Schreyögg, 2010, S. 333).

Neben den herkömmlichen supervisorischen Zielen gilt es in der Teamsupervision eine Verbesserung von Kommunikation und kooperativen Aspekten im Team herzustellen, das Team zu befähigen den eigenen Konfliktlösungsprozess in Gang zu setzen, den Aufbau einer internen Aufgaben- und Rollenteilung im Team zu unterstützen und die Bearbeitung von Machtkonflikten im Team, sowie eine Begleitung von Team- und Organisationsmitgliedern darzustellen (vgl. Fatzer, 2005, S. 258f). Auch Führungs- und Steuerungsfragen, Kommunikations- und Beziehungsprobleme, Differenzen bei fachlichen Themen und Schwierigkeiten mit Klienten bzw. Klientinnen sind Themen, die es in Teamsupervisionen zu reflektieren gilt (vgl. Belardi, 2005, S. 54). Ebenfalls enthält Teamsupervision unweigerlich den Aspekt der Teamentwicklung (vgl. Fatzer, 2005, S. 262).

1.3.4. Fallsupervision

In einer Fallsupervision setzt sich ein Team mit einer konkreten Arbeitssituation auseinander an dem die Teammitglieder beteiligt sind (vgl. Kühne-Eisendle, 2006, S. 16). Ziel soll sein, die Umgangsmöglichkeiten mit den Beteiligten und vor allem den Klienten und Klientinnen zu erweitern (vgl. Gnädinger, 2005, S. 278).

1.3.5. Coaching

Gerade weil Frauen und im Besonderen Frauen im sozialen Arbeitsfeld immer mehr Führungs- bzw. Leitungspositionen übernehmen (vgl. Conen, 1993, S. 206), scheint die Supervisionsform des Coaching als unbedingt nennenswert.

Der alltäglich zu vernehmende Begriff „Coaching" wird gegenwärtig in vielen Bereichen verwendet. Der Coach stellt sich hierbei als Spezialist dar, der mit seinem Wissen um eine Sache die Kunden berät und ihnen von sich aus Ratschläge unterbreitet (vgl. Kühne-Eisendle, 2006, S. 20). Wie hier aber im Speziellen angenommen, bezieht sich Coaching auf die supervisorische Tätigkeit, ist dieser sehr ähnlich und stellt eine Art „Leitungssupervision" dar (vgl. Schreyögg, 2010, S. 22f). Es beschreibt eine Art der Einzelsupervision und wird als Beratungsform für Fach- und Führungskräfte mit Steuerungs- und Managementfunktion angewandt, die dies als neue exklusive Möglichkeit der persönlichen Auseinandersetzung und Förderung wahrnehmen (vgl. Schreyögg, 2010, S. 393f).

Die Österreichische Vereinigung für Supervision beschreibt folgendermaßen: „Coaching ist eine spezielle Form von Supervision, die sich primär an Einzelpersonen mit Führungsaufgaben wendet. Die Kompetenz des Coachs basiert auf einer umfassenden und anerkannten ÖVS-Supervisionsausbildung". (Österreichische Vereinigung für Supervision, Folder 2008)

Auch Coaching lässt sich in mehrere Kategorien unterteilen, wie beispielsweise dem „Business-Coaching, dem „Exekutiv-" oder „Management-Coaching", dem „Konflikt-" oder Newcomer-Coaching" sowie dem „Life-Coaching" (vgl. Schreyögg, 2010, S. 394f). Ergänzend dazu sei noch das „Rollen-Coaching" erwähnt, wobei Rolle als eine Art Bindeglied zwischen einer Person und der Organisation gesehen wird (vgl. Eck, 2005, S. 209f).

1.3.6. Ausbildungssupervision

Im Bereich der Ausbildungssupervision werden Supervisoren bzw. Supervisorinnen als Beobachter von Ausbildungskandidaten und Kandidatinnen meist im psychoanalytischen Bereich eingesetzt. Junge Kollegen besprechen mit erfahrenen Ausbildnern und

Ausbildnerinnen, die als Supervisoren und Supervisorinnen agieren, ihre ersten Fälle (vgl. Rappe-Giesecke, 2009, S. 2).

1.3.7. Organisationsentwicklung und andere Formen

Die Entwicklung der Organisationsberatung bzw. Organisationsentwicklung in den Achtzigerjahren des 20. Jahrhunderts brachte eine Auseinandersetzung mit institutionellen Rahmenbedingungen mit sich, woraus sich schwerpunktmäßig eine organisationsentwicklerische Tendenz in Hinsicht auf Supervisionstätigkeit ergab (vgl. Rappe-Giesecke, 2009, S. 3).

Eine enorme Herausforderung für Organisationen besteht gegenwärtig wohl darin, sich ständig weiter zu entwickeln, sprich sich zu verändern. Auch hier kann Supervision mit ihrem Methoden und Interventionen professionelle Unterstützung bieten und bei entstandenen Spannungsfeldern zwischen Personen und Organisation wirken (vgl. Gotthardt-Lorenz & Schüers, 1997, S. 20).

In Bezug auf etwaige weitere Möglichkeiten von Supervision wird diese von Berufstätigen zunehmend als Fortbildungsmaßnahme genutzt, als „Burnout Prophylaxe" verstanden oder einfach dem psychohygienischen Aspekt nach in Anspruch genommen (vgl. Schreyögg, 2010, S. 22). Außerdem gibt es weitere supervisionsähnliche Settings wie Intervision, sprich kollegiale Beratung bzw. kollegiale Beratergruppen (vgl. Schlee, 2008, S. 19f) oder Intravision.

1.4. Psychotherapie, Psychoanalytik und Supervision

Wie in mehreren Kapiteln dieser Arbeit bereits beschrieben, ist Supervision stark mit der Psychoanalytik bzw. der Psychotherapie verwurzelt und in der Grundstruktur diesem Arbeitsfeld als Beratungsform sehr ähnlich (vgl. Schreyögg, 2010, S. 23; vgl. Schmid, 1997, S. 179f), was heißen soll, psychotherapeutische Ansätze, Methoden und Interventionen dienen als Basis der generellen Supervision (vgl. Schreyögg, 2010 , S. 391). Neben dem psychoanalytischen Einfluss, auch in der geschichtlichen Entstehung von Supervision, zeugen therapeutisch ausgerichtete Formen wie die „systemische Supervision", „analytische

23

Supervision" oder „gestalttherapeutische Supervision" von dieser engen Verbundenheit (vgl. Gotthardt-Lorenz & Schüers, 1997, S. 22). Supervision ist ihrem Verfahren und Arbeitsformen (Setting und Modalität) nach als ein Seitenast der Therapie zu beschreiben, wobei es einzuräumen gilt, dass die Supervision durch ihre Arbeitsorientierung, ihre Fallbezogenheit sowie die Schwerpunktsetzung auf Gegenwart und Zukunft andere Aspekte setzt (vgl. Belardi, 2005, S. 118f). So ist trotz der bereits erwähnten Verbundenheit der beiden Arbeitsfelder die Supervision als eigenständige Profession anzuerkennen: „Denn es gibt in der Supervision im Gegensatz zu Therapie und Selbsterfahrung per definitionem von vorne herein ein Thema [...]. Supervision ist an der Persönlichkeitsentwicklung des Supervisanden orientiert mit dem Fokus auf seiner beruflichen (supervidierten) Situation". (Schmid, 1997, S. 179)

1.5. Der Auswahlprozess: Welcher Supervisor darf es sein?

Der Auswahlprozess und die damit verbundene Frage, welchen Supervisor bzw. welche Supervisorin man als Einzelperson, Gruppe, Team oder Organisation bevorzugt und warum, stellt mitunter ein Kernthema dieser Masterthesis dar. Welche Kriterien und Aspekte nehmen Einfluss auf den Auswahlprozess? Diesbezüglich wird die Frage gestellt, inwieweit die Geschlechtlichkeit des Supervisors bzw. der Supervisorin bei der Auswahl eine Rolle spielt.

Für die Auswahl nach dem Geschlecht des Supervisors bzw. der Supervisorin ist zu erwähnen: „Das Geschlecht ist ein wichtiger Faktor in der Auswahl von Beratungspersonen und in der Gestaltung von Entwicklungsprozessen. Das Geschlecht beeinflusst die Dynamik, die Handlungsmöglichkeit und die Erwartung entscheidend." (Passavant, 2003, S. 3) Besonders für die bereits erwähnte Gruppendynamik zeichnet sich aus, ob eine Gruppe rein aus Frauen oder Männern besteht oder sie sich gemischtgeschlechtlich darstellt (vgl. Baur & Marti, 2000, S. 32).

Bezugnehmend auf eine entsprechenden Auswahl sollte es grundsätzlich ein Vorgespräch zwischen Supervisor/Supervisorin und Auftraggeber geben, um sich einen Überblick zu schaffen und um sich eine fachliche wie auch emotionale Meinung über den Supervisor bzw. die Supervisorin bilden zu können (vgl. Abdul-Hussain, 2012, S. 66). Dem vorweg erfolgt eine Auswahl oftmals auf Empfehlung, oder aufbauend auf Angaben von supervisionsrelevanten Listungen wie beispielsweise der bereits genannten ÖVS Liste (vgl. Brandlmayr, 2009, S. 52). Das Alter, das Geschlecht und die Kultur werden als die drei wichtigsten Gesichtspunkte bei der Auswahl des Supervisors genannt (vgl. Belardi, 2011, S. 83f), wobei zumindest von Seiten der Supervisandinnen ein ähnliches Alter wie das eigene vom Supervisor erwünscht ist (vgl. Koch, 2004, S. 191). Der finanzielle Aspekt, die zeitliche Übereinstimmung von Terminmöglichkeiten, die Nähe bzw. leichte Erreichbarkeit der Supervisionsräumlichkeiten, sowie eine nach dem Erstgespräch stattfindende Teamentscheidung können ebenfalls für die Auswahl entscheidend sein (vgl. Brandlmayr, 2009, S. 52). Unter anderem wird als ausschlaggebend angeführt, dass der Supervisor bzw. die Supervisorin ein gewisses Maß an Feldkompetenz besitzen sollte und zumindest ansatzweise die emotionale Problematik des Supervisanden bzw. der Supervisandin verstehen muss (vgl. Schmid, 1997, S. 179). Für eine sorgfältige Auswahl sollten neben den bereits genannten Aspekten der Feldkompetenz, einer entsprechenden Listung und den Honorarvorstellungen auch Kriterien wie Fach- und Beratungskompetenz sowie das Thema Vertrauen herangezogen werden (vgl. Gössler, 2007, S. 2). Sympathie, Ausbildung und Erfahrung sowie der Arbeitskontext spielen eine weitere große Rolle (vgl. Kühne-Eisendle, 2006, S. 38), ebenso wie die noch nicht erwähnten Aspekte des methodischen Ansatzes und des Theoriebezugs (vgl. Conen, 1993, S. 205). Annette Stöber nennt aus ihrer eigenen Praxiserfahrung heraus weitere Auswahlüberlegungen, wie beispielsweise, dass sie von einem Frauenprojekt aufgrund ihres Frau-Seins und ihrer Rolle als Feministin als Supervisorin engagiert wurde. Außerdem wurde sie von einer weiteren Gruppe wegen ihres Genderblicks sowie ihrer Sensibilität in Bezug auf Diskriminierungserfahrung in Anspruch genommen. Ihre mütterliche Rolle und ihre Vorbildfunktion wurden ihr ebenfalls als ein Entscheidungselement offenbart (vgl. Stöber, 2006, S. 96f).

Die Wahl des Supervisor bzw. Supervisorin hat viel mit der eigenen Sozialisation zu tun (vgl. Erger & Molling, 1991, S. 52 - 54). Hierzu ist anzumerken: „Bei der Auswahl von Supervisorinnen und Supervisoren spielen solche Kriterien wie Sympathie, Akzeptanz und Hoffnung, u.a.m. eine wesentliche Rolle. Diese werden jedoch insbesondere beeinflusst durch die Erwartungen, die an einen weiblichen bzw. männlichen Supervisor gestellt werden". (Conen, 1993, S. 205) Daraus ergibt sich: „Supervisanden und Supervisandinnen wählen aus dem Hintergrund ihrer Lebenserfahrung Frauen oder Männer als SupervisorInnen. Manche wählen nur Frauen, andere nur Männer, wiederum andere wechseln ab. Bei der Wahl der Supervisorin, des Supervisors steht immer die Frage im Vordergrund, wen er/sie meint sich besser anvertrauen zu können". (Brandlmayr, 2009, S. 85)

An dieser Stelle wird nun das Faktum des Geschlechts im Auswahlprozess genauer beleuchtet. Schreyögg (2003) bezeichnet die Auswahl des Supervisors bzw. der Supervisorin dem Geschlecht nach als „Phänomen einer subjektiven Bewertung". Nando Belardi (1998) spricht davon, dass es manchen Teams egal ist, welches Geschlecht ihr Supervisor hat, jedoch geht er davon aus, dass in feministisch geprägten Arbeitsfeldern meist nur Supervisorinnen akzeptiert werden. Gerade dieser Umstand des später noch definierten „Genderaspektes" spielt beim Auswahlprozess von Supervisoren eine besondere Rolle. Festzuhalten gilt, dass in Frauenteams oftmals Supervisorinnen und in Männerteams oftmals Supervisoren bevorzugt werden, wobei als Grund dafür genannt werden kann, dass Frauen- bzw. Männerteams meist mit einem gemeinsamen Weltbild der Betroffenheit arbeiten und auf dieser Basis Wert auf das „morphologische Geschlecht" des Supervisors bzw. der Supervisorin gelegt wird. Als weitere Gründe dafür, warum sich beispielsweise Teams bewusst für eine Supervisorin entscheiden ist zu bemerken, dass diese ein politisches Signal setzen möchten, als besonders innovativ gelten wollen oder die Frauen eines Teams auf Solidarität hoffen (vgl. Lehner-Hartmann, 1998, S. 21). Hier schließt sich der Kreis hinsichtlich der Angaben von Christina von Passavant die vermerkt, dass sich Organisationen die sich aktiv in Genderfragen bewegen und einen gewünschten Paradigmenwechsel anstreben gerne für eine weibliche Beraterin entscheiden (vgl. Passavant, 2003, S. 2). Und auch die Annahme: „Wer mit einer Frau arbeitet, setzt auf gutes Klima und vertrauensvolle Beziehung", (Passavant, 2003, S. 3) bringt mit sich, dass von Beraterinnen ein sensibles Vorgehen erwartet wird und es für selbstverständlich angesehen wird, dass unter ihrem Einfluss eine gute Kultur entsteht (vgl. ebd.).

Grundsätzlich ist es wohl angebracht als Supervisor bzw. Supervisorin im Erstgespräch nachzufragen, warum sich eine Person oder ein Team im Speziellen für einen Supervisor oder eine Supervisorin entscheiden hat. Somit kann man die Genderbilder der zu Supervidierenden erfassen und Erwartungen an das eigene morphologische Geschlecht ergründen (vgl. Abdul-Hussain, 2012, S. 66). Hieraus folgt: „Die der Supervision zugeschriebene „symbolische

Bedeutung", hängt davon ab, ob ein Supervisor oder eine Supervisorin diese leitet. [...] Es ist daher zu hinterfragen, warum ein männlicher Supervisor oder eine weibliche Supervisorin nachgefragt wird „und welche Konstruktionen" damit verbunden werden". (Bargehr & Marth, 2000, S. 70)

Ausgehend von einer qualitativen Erhebung von Ingrid Brandlmayr (2009), die sich mit der geschlechtsspezifischen Auswahl von Supervisoren bzw. Supervisorinnen auseinandersetzt hat und bei der sowohl Berater als auch Beraterinnen von Beratungsstellen des Bundesland Oberösterreich befragt wurden, werden nun ein paar Erkenntnisse daraus angeführt:

So war beispielsweise der jüngsten Befragten das Geschlecht egal und sie nannte die Feldkompetenz als Entscheidungskriterium. Zwei der befragten Beraterinnen wechseln ihre Supervisoren dem Geschlecht nach immer wieder ab, für die älteste Befragte mit 51 Jahren kommt ausschließlich eine Supervisorin in Frage. In Bezug auf die befragten Berater ist zu sagen, dass zwei davon ausschließlich einen männlichen Supervisor für ihren speziellen Arbeitsschwerpunkt in Bezug auf Umgang mit Gewalt bevorzugen. Die Befragten Beraterinnen äußerten weiter, dass eine Abwechslung zwischen männlichen Supervisoren und weiblichen Supervisorinnen wichtig sei und die Gesamterscheinung sowie eine emotionale und persönliche Kompetenz den Auswahlprozess maßgeblich beeinflussen. Die Beraterinnen wollen keine narzisstische Person und legen im Bereich der *Fachkompetenz* Wert auf den Ruf des Supervisors bzw. der Supervisorin sowie auf die Arbeitsmethode, den Supervisionsansatz und das Organisationswissen. Außerdem gelten für sie ein Verständnis für ihre Thematik und Zielstrebigkeit als Auswahlkriterien. Im Bereich der *Feldkompetenz* zählt für sie die persönliche Auseinandersetzung mit dem Thema. Und hinsichtlich der *Beziehungsebene* wollen die befragten Beraterinnen eine "gute" Beziehung und ein "gutes" Gefühl zum Supervisor bzw. zur Supervisorin haben. Sie wollen gut aufgehoben sein, ein Gefühl der Akzeptanz vermittelt bekommen und Zeit beim Kennenlernen haben, um sich wahrgenommen zu fühlen. Auch Feingefühl und eine erkennbare Zielklärung sind neben weiteren Ansprüchen wie empathisches Auftreten, Unparteilichkeit, Ausbildung, Berufserfahrung, Führungskompetenz sowie Offenheit und Toleranz gegenüber dem Thema und Vermittlung von Vertrauen ausschlaggebend bei der Auswahl (vgl. Brandlmayr, 2009, S. 52 - 56).

Ergänzend und wohl auch überlappend zu den Aspekten von Supervisanden und Supervisandinnen in Bezug auf die Auswahl eines entsprechenden Supervisors bzw. einer entsprechenden Supervisorin, werden nun die Erkenntnisse aus einer Studie, die sich mit einer Befragung an sieben Supervisoren und sieben Supervisorinnen richtete, angeführt. Hier gibt es einen gemeinsamen Konsens, was die Frage betrifft, ob das Geschlecht bei der Auswahl des Supervisors eine Rolle spielt und zwar jenen der Bejahung. Es wird angenommen, dass die Abwechslung der Person des Supervisors bzw. der Supervisorin bzw. die Abwechslung hinsichtlich ihrer Geschlechtlichkeit ein Auswahlkriterium darstellt. Hier wird aus Teamsupervisionsgruppen die Erkenntnis gewonnen, dass die mögliche Perspektive des jeweiligen Geschlechts des Supervisors bzw. der Supervisorin als Auswahlkriterium herangezogen wird. (vgl. Leitner, 2006, S. 54f). Folgende Fragen könnten unter anderem ebenfalls eine ausschlaggebende Rolle spielen: Brauchen wir einen männlichen oder weiblichen Anteil im Team? Welche Sichtweise will ich erfahren? Welche Ressourcen will ich selbst entfalten? (vgl. Brandlmayr, 2009, S. 86).

Wohl aus diesen oder ähnlichen geschlechtsspezifischen Perspektiven hervorgehend scheint es, dass Supervisandinnen gewisse Themen vorzugsweise mit männlichen Supervisoren besprechen, wie beispielsweise Beziehung zu Geldgebern, Themen, die die Hierarchien betreffen und eben welche, bei denen eine andersgeschlechtliche Sichtweise erwünscht ist. Bei Supervisionsprozessen mit Supervisorinnen forcieren Supervisandinnen eher geschlechtsspezifische Themenbereiche wie Kinder und Schwangerschaft, Beziehungen unter Frauen oder Beziehungen zu Kolleginnen (vgl. Brandlmayr, 2009, S. 60 - 64).

1.5.1. Erwartungen an Supervisoren und Supervisorinnen

Mit dem Stichtag 15.03.2012 zählt die Österreichische Vereinigung für Supervision - wie in der Datenbank der ÖVS unter www.oevs.or.at ersichtlich - 1230 eingetragene Mitglieder, welche die von der Vereinigung geforderten Kriterien erfüllen. Hierbei scheint interessant anzuführen, dass diese Gesamtmitgliederzahl unter dem Aspekt der geschlechtlichen Untergliederung 778 Supervisorinnen und 452 Supervisoren beinhaltet. Diese Zahlen zeigen, dass deutlich mehr Frauen als Männer in der Profession der Supervision tätig sind. Hinsichtlich der Erwartungen an Supervisoren und Supervisorinnen, die in diesem Kapitel ja beschrieben werden sollen, sei erwähnt, dass von Supervisoren und Supervisorinnen, die eine Mitgliedschaft bei der ÖVS (Österreichische Vereinigung für Supervision) inne haben, grundsätzlich zu erwarten ist, dass sie die Qualitätsstandards eines professionellen Supervisors bzw. einer professionellen Supervisorin erfüllen. Ebenso sind von Supervisoren und Supervisorinnen hinsichtlich der Professionalität fachliche Kompetenzen wie eine intellektuelle Flexibilität, sozialwissenschaftliches Wissen, hohe ideologische Offenheit und passende Feldkompetenz zu erwarten (vgl. Schreyögg, 2003, S. 144).

Bezugnehmend auf die in dieser Arbeit noch öfter behandelte Begrifflichkeit des „Gender" ist zu sagen, dass wir uns in der Supervision genauso wie im restlichen gesellschaftlichen Leben als Mann und Frau begegnen und wahrnehmen (vgl. Scheffler, 2005, S. 1; Fellinger-Fritz, 2005, S. 25; Baur & Marti, 2000, S. 12), was mit sich bringt, dass wir auch dementsprechende - wie später noch in den ersten Kapiteln des Abschnittes *II. Was Mann und Frau betrifft* erläutert - Erwartungen an Männer und Frauen und somit an Supervisoren und Supervisorinnen transportieren. Dies soll heißen: „Als Supervisorin bin ich Trägerin von Geschlechtswirklichkeit". (Stöber, 2006, S. 96) So gilt, dass Frauen andere Erwartungen an einen Supervisionsprozess hegen als Männer (vgl. Erger & Molling, 1991, S. 49). Bezugnehmend auf diese geschlechtsspezifischen Erwartungen kann geltend gemacht werden: „Frauen suchen bei einer Supervisorin vor allem Kompetenz und ein Modell und bei einem Supervisor eher Verständnis für die Rolle als erwerbstätige Frau". (Conen, 1993, S. 222) Sie betonen in ihren Erwartungen an einen Supervisor zwischenmenschliche Aspekte wie Freundlichkeit und Zugewandtheit, während sie weniger an der Kompetenz des Supervisors interessiert sind, die sie sich von einer Supervisorin aber wünschen würden. Außerdem erwarten sich Supervisandinnen eine Vorbildwirkung seitens der Supervisorin und einen schonenden Umgang mit ihnen und ihren Problemen. (vgl. Conen, 1993, S. 206 - 218). Erwünschte Zuschreibungen wie Distanz und Autorität sind ebenfalls Erwartungen, die eher einem männlichen Supervisor angeheftet werden, wie auch jene Erwartung, dass sich die Rollenverteilung zwischen Supervisandinnen und einem Supervisor unstrittiger darstellt als bei gleichgeschlechtlichen Konstellationen. Dies ergibt sich unter anderem aus den bereits angeführten Gründen, dass vom Supervisor eine väterliche Rolle erwartet wird, wobei die Supervisandin die mütterliche Rolle übernimmt. Übertragungsphänomene spielen auch im nächsten Beispiel eine wesentliche Rolle. Eine Supervisandin entscheidet sich für eine gleichgeschlechtliche Supervisorin, weil sie mit einem Mann als Supervisor bezugnehmend auf ihre Vaterproblematik wohl Schwierigkeiten hätte sich auf den Prozess einzulassen. Zuletzt werden noch die Erwartungen eines Supervisanden angeführt, der sich aus der Überlegung heraus geschont zu werden, ebenfalls für eine weibliche Supervisorin entscheiden würde. Mit einem männlichen Supervisor würde er wohl in Konkurrenz treten (vgl. Erger & Molling, 1991, S. 52 - 68).

Demnach ist festzuhalten, dass das Geschlecht des Supervisors im Prozess bzw. auf die Prozessgestaltung Einfluss nimmt und Wirkung zu zeigen scheint. Diese Wirkung wird meist als ein Gefühl, welches im Erleben entsteht, beschrieben.

Eine aus der geschlechtsspezifischen Sozialisation resultierende „andere Perspektive" ist für Supervisandinnen und Supervisanden im Supervisionsprozess ebenfalls spürbar und nimmt unter anderem Einfluss auf den Umgang miteinander (vgl. Brandlmayr, 2009, S. 59f).

Bleibt noch zu erwähnen, dass sich die Supervision überwiegend durch die beiden Rollen Supervisor bzw. Supervisorin und Supervisand bzw. Supervisandin definiert. Hier finden ebenfalls Erwartungen untereinander ihren Platz. So hat der Supervisor bzw. die Supervisorin die Funktion des Repräsentanten des Systems, die Rolle des Supervisanden bzw. der Supervisandin beinhaltet beispielsweise die Aufgabe, aktiv an den eingebrachten Arbeitsthemen mitzuwirken, sein Wissen und seine Hypothesen zur Verfügung zu stellen, die geltenden Rahmenbedingungen einzuhalten, sich selbst zu reflektieren, et cetera (Rappe-Giesecke, 2009, S. 65 - 71).

Gerade weil, wie eben beschrieben, der Supervisor bzw. die Supervisorin als Repräsentant bzw. Repräsentantin des Systems wahrgenommen werden kann und dadurch eine asymmetrische Beziehung zum Supervisanden bzw. der Supervisandin angenommen wird (vgl. Rappe-Giesecke, 2009, S. 72), muss der Supervisor darauf achten, sich nicht für andere Dienstleistungen, wie beispielsweise einen Leitungsersatz, missbrauchen zu lassen, auch wenn dies von ihm erwartet wird (vgl. Rappe-Giesecke, 1999, S. 41 - 52). Grundsätzlich sei anzumerken, dass Supervisoren sowie Supervisorinnen ihre eigene Persönlichkeit, ihr Wissen, ihre Methoden und ihre geschichtliche Erfahrungen in Bezug auf die eigene Person in den

Dienst der Sache stellen. Hierbei ist auch die Qualifikation eines Supervisors bzw. einer Supervisorin hinsichtlich seiner menschlichen Haltung zu erwähnen. Eine grundsätzliche Akzeptanz den KlientInnen bzw. dem KlientInnen-System gegenüber verbunden mit Interesse und Neugier an der vorgebrachten Situation ist ebenfalls eine grundlegende Kompetenz (vgl. Buchinger & Klinkhammer, 2007, S. 38).

1.5.2. Ein Blick auf den männlichen Supervisor

Als grundlegende Merkmale eines männlichen Supervisors gelten beispielsweise eine strategische Klarheit und eine direkte Sprache. Er arbeitet strukturiert und mit einem klaren Ablauf. Er gilt als weniger gefühlsbetont, zeigt eine bessere Abgrenzung zu Frauenthemen ausgehend davon, dass er „Frau-Sein" nicht vollends nachvollziehen kann und bleibt deshalb meist auf der sachliche Ebene, was auch eine andere Prozessgestaltung zur Folge haben kann. Gerade aber auch in Frauenteams kann es vorkommen, dass der Supervisor gewisse Hemmungen gegenüber dem weiblichen Geschlecht zeigt, wobei er in einem männlichen Kontext durchaus direkt und heftig auftreten kann (vgl. Brandlmayr, 2009, S. 59f). Der männliche Supervisor vermittelt Sicherheit und ihm wird eine entsprechende mehr Fachkompetenz und Kompetenz in der Prozessführung zugesprochen (vgl. Passavant, 2003, S. 2). Eventuell ergibt sich diese Annahme auch daraus, dass Supervisoren häufig Universitätsausbildungen durchlaufen haben, während weibliche Supervisorinnen meist Ausbildungen mit einem hohen Frauenanteil wie Sozialakademie, et cetera mit mittlerem Bildungsabschluss absolviert haben (vgl. Klinser, 2000, S. 122f). Männliche Supervisoren äußern ihrer Selbsteinschätzung nach, dass sie wegen ihrer Kompetenz und ihrer Bekanntheit ausgewählt werden, während weibliche Supervisorinnen annehmen wegen ihres Geschlechts und den damit verbundenen und erwarteten „stereotypen Eigenschaften" ausgewählt zu werden (Klinser, 2000, S. 120 - 126).

Abschließend wird bei der Selbsteinschätzung bleibend angeführt, dass Supervisoren hinsichtlich ihrer Kompetenzen ihre Wahrnehmungsfähigkeit hervorheben, während Supervisorinnen angeben eher methodisch fachlich kompetent zu sein (vgl. Abdul-Hussain, 2012, S. 76).

1.5.3. Männliche Supervisoren bevorzugt

Der Fokus soll hier auf den männlichen Supervisor gelegt werden, es sollen geschlechtsspezifische Ressourcen und Qualitäten herausgearbeitet und mögliche Unterschiede aufgezeigt werden. Ebenso sollen die Gründe, warum sich im Speziellen Frauen aus dem sozialen Arbeitsbereich für einen männlichen Supervisor entscheiden hinterfragt und Themen, die in diesem Prozess als relevant gelten bzw. welche es darin zu begleiten gilt, beleuchtet werden.

Dazu ist grundsätzlich zu sagen, dass die Geschlechterdifferenz in der Beratung kein Nachteil darstellt, sondern auch entsprechend nutzbar gemacht werden kann (vgl. Koch, 2004, S. 188). Ein Beispiel dafür wäre, dass Empathie, Identifikation und emotionales Nachvollziehen-Können zwischen Mann und Frau in der Therapie eher geringer ausfallen als in gleichgeschlechtlichen Konstellationen. Dies birgt für die Klientin die Chance bzw. könnte den Vorteil beinhalten, dass sich der männliche Supervisor nicht so tief wie beispielsweise eine weibliche Supervisorin - da Frauen ja oft gleich fühlen - auf die Problematik einlässt. Der Supervisor kann somit eine Distanz wahren und die Autonomie der Klientin fördern, wobei zu starkes Mitfühlen der weiblichen Supervisorin ihrer Geschlechtsgenossin gegenüber, die Opferrolle der Klientin verstärken kann. Andererseits stellt sich - da alle Praktiken und Erfahrungen geschlechtsspezifisch sind - die Frage, inwieweit ein männlicher Supervisor die Schwierigkeiten einer Frau nachvollziehen und er somit hilfreich tätig sein kann. Ein anderer Aspekt in Hinsicht auf das Nutzbarmachen der Geschlechtsdifferenz wäre jener, dass Supervisoren wie auch Supervisorinnen Assoziationen der Klientel auf sich ziehen und eine Repräsentanten-Rolle hinsichtlich einer gegengeschlechtlichen Person übernehmen. Beispielsweise kann sich eine Klientin motiviert fühlen, sich dem Berater anzuvertrauen weil es ihr an einem männlichen Partner für ähnliche Ansprache fehlt. Hierbei kann der Supervisor - wie im Kapitel *1.8. Welche Rolle spielt Erotik in der Supervision* - auch als Adressant erotischer Sehnsüchte herangezogen werden (vgl. Koch, 2004, S. 186f).

Gerade hinsichtlich der bereits genannten Gegengeschlechtlichkeit in der Beratung wählen Frauen, die bereits Erfahrung mit weiblichen Supervisorinnen haben, oftmals im Weiteren einen männlichen Supervisor. Der Reiz hierbei kann darin liegen, dass Mann und Frau in der Beratungssituation einen Gegenpol darstellen, der eine gegenseitige Anziehung zu erzeugen vermag. Das Interesse einer Klientin könnte in den Sichtweisen und Äußerungen der „Welt des Mannes" liegen. Ebenfalls kann das Streben nach Zusammenarbeit und Ergänzung der beiden Geschlechter ein Kriterium darstellen, das die Supervisandin in ihrem Auswahlprozess begleitet. Beispiele für die eben angeführten Aspekte wären, dass Frauen, die schlechte Erfahrungen mit Männern haben und an einer daraus resultierenden Minderung des Selbstbewusstsein leiden sowie Frauen, die Probleme mit männlichen Arbeitskollegen haben, aus Gründen der Auseinandersetzung mit dem anderen Geschlecht meist einen Supervisor wählen (vgl. Fischer, 2005, S. 10 - 13). Ebenso gestaltet sich die Situation bei Frauen, die Diskriminierung erfahren haben und für jene die Führungspositionen innehaben - und das womöglich in einem von Männern dominierten Umfeld - kongruent, dass diese mehr vom Zuspruch eines männlichen Coachs profitieren (vgl. Rauen, 2004, S. 1).

Ergänzend wird das Stereotyp der „Kindfrau", die nicht selbst für sich sorgen kann, angeführt, welche sich ebenfalls bevorzugt einem versierten Mann anvertraut (vgl. Haindl, 2004, S. 12, Teil 5). Aus diesen Situationen heraus bestünde für den Supervisor die Möglichkeit, schlechte Erfahrungen, die die Klientinnen mit Männern gemacht hat zu „korrigieren" (vgl. Koch, 2004, S. 187).

Unter anderem auch aus diesen angeführten und noch anzuführenden Gegebenheiten heraus gilt: „Die Arbeit mit einem die Unterschiede akzeptierenden Ansatz ist sinnvoll, um Bedeutungszusammenhänge einzuschätzen und den Gleichheitsschleier zu lüften, der oftmals über Einrichtungen und Organisationen liegt. Die Frage der Bedeutung (wie fühlen und denken Frauen und Männer) ist in dem Zusammenhang wesentlicher als die Frage der Kausalität (warum sie unterschiedlich handeln)". (Stöber, 2006, S. 92f)

Im Gegensatz dazu kann es aber auch vorkommen, dass sowohl Männer als auch Frauen einen geschlechtlichen Unterschied zwischen Supervisor und Supervisorin hinsichtlich des sozialen Anspruchs nach einer gleichmachenden Bewertung nivellieren (vgl. Erger & Molling, 1991, S. 94). So scheint:

> Gerade im sozialen Bereich wird ein androgynes Rollenverständnis gepflegt, um die Illusion sozialer Gleichheit aufrecht zu erhalten.[...] Allerdings wird von Frauen, die an

Gruppensupervisionen teilnehmen, ein männlicher Supervisor bevorzugt, da man mit ihm nicht gleichgeschlechtlich konkurrieren muss. Der männliche Supervisor wird als väterlich unterstützend erlebt. [...] Männer bevorzugen mehrheitlich einen männlichen Supervisor. Ihm werden Eigenschaften zugesprochen wie Konfrontations- und Konfliktfähigkeit. Außerdem dient er als Identifikationsmodell an dem man sich messen kann, [...]. Supervisorinnen werden von Männern eher ambivalent erlebt. Ihnen werden Eigenschaften zugesprochen wie konfliktvermeidend, wenig konfrontativ und mehr schützend. (Erger & Molling, 1991, S. 95)

Als erwähnenswert scheint somit in erster Linie die Überlegung: „Lasse ich mich erforschend auf mein Gegenüber ein, kann ich als Mann und als Frau wachsen. Bewege ich mich in einer Welt, in der ich schon alles weiß, ist wenig Raum für Wachstum". (Haindl, 2004, S. 7, Teil 1) Hieraus ergibt sich: „Der wahre Gewinn liegt in der zugewandten, wertschätzenden Auseinandersetzung und den Effekten des zweigeschlechtlichen Denkens und Handelns unter Einbringung ihrer unterschiedlichen Sichtweisen und Fähigkeiten". (Haindl, 2004, S. 3, Teil 3) Diese Annahme ist mitunter grundlegend dafür, dass es besonders in Frauenteams oft der Fall ist, sich durch den Supervisor die fehlende männliche Energie ins Team holen (vgl. Brandlmayr, 2009, S. 59). Damit verbunden könnte auch der Aspekt, dass Frauen sich gegenseitig oft nicht wirklich zuhören, sondern eher danach streben sich an einem Mann zu orientieren, wobei dieser meist automatisch als Führungsperson akzeptiert wird, zum Tragen kommen (vgl. Haindl, 2004, S. 2, Teil 4). Dem einhergehend gilt wohl, dass „männliche" Werte wie Risikobereitschaft, Konkurrenz, Durchsetzungsvermögen und Egoismus zunehmend als aufwertende beschrieben werden, wobei „weiblich" zugeordnete Werte wie Solidarität, Gemeinschaftssinn oder Zuwendung als verstaubt gelten (vgl. Haindl 2004, S. 7, Teil 2). Außerdem zeigen zahlreiche Forschungsergebnisse, dass männliche Berater die Erfüllung der Sache als vorrangiges Ziel betrachten, wobei Beraterinnen stärkeres Gewicht auf die Erfüllung der sozialen Anforderungen legen, was ein weiteres Auswahlkriterium hinsichtlich einer Geschlechterdifferenz darstellt (vgl. Haindl, 2004, S. 4, Teil 5).

Abschließend werden einige Auswahlkriterien, die für eine eventuelle Bevorzugung eines männlichen Supervisors sprechen könnten, in gesammelter Form angeführt: Wie bereits erwähnt könnten Kriterien wie das Kennenlernen von "männlicher" Denkweise und

Herangehensweisen sowie ein dementsprechender Perspektivenwechsel, der zu einer Kompetenz und Ressourcenerweiterung führen kann, Einfluss nehmen. Als weitere Gründe werden genannt, dass Frauen einem männlichen Berater einige Dinge mehr, aber auch einige Dinge weniger erzählen kann und Frauen mit einem männlichen Berater weniger in Konkurrenz geraten (vgl. Koch, 2004, S. 191). Hierbei wäre anzuführen: „Frauen haben spezifische Erfahrungen, wenn es um Kompetenz, Konkurrenz und Kooperation geht. Durch eine geschlechtsbezogene Sozialisation und eine Ausrichtung an durch männliche Interpretationen geprägte Berufswelt können Frauen mit ihren Mustern von Konkurrenz und Kooperation schnell an Grenzen stoßen. Das andere Geschlecht des Supervisors kann solche Grenzen mitunter aufweichen". (Koch, 2004, S. 191)

Weiters könnten ausschlaggebende Aspekte bei der Wahl eines Supervisors sein, dass sich dieser neugieriger als seine weiblichen Kollegen zeigt, er mehr fragt und dadurch das Verstehen bzw. das Gefühl verstanden zu werden, erleichtert. Der männliche Supervisor wird als zielgerichteter und lösungorientierter wahrgenommen. Beispielsweise beschreibt eine Supervisandin, die vorerst bei einer Supervisorin war, dass diese dem Lauf ihrer Erzählungen zu freien Raum ließ, was ihrer persönlichen Entwicklung zwar gut tat, für ihre Herangehensweise an die Arbeit aber zu wenig war (vgl. Koch, 2004, S. 192).

Ebenso darf der Aspekt der Kommunikation, die im entsprechenden Kapitel noch genauer beleuchtet wird, für die bewusste aber wohl auch unbewusste Bevorzugung eines Supervisors im Auswahlprozess nicht außer Acht gelassen werden. Hier können beispielsweise Aspekte der Sprache, äußeres Erscheinungsbild oder räumliche Faktoren sowie Verhaltensregeln oder Umgangsformen ausschlaggebend sein (vgl. Haindl, 2004, S. 11, Teil 5).

Alles in allem ist als interessant anzuführen, dass es Untersuchungen gibt, wonach das biologische Geschlecht des Beraters nur zu Beginn und am Ende der Beratung eine Rolle spielt, es aber dazwischen verwischt ist und nur die Übertragungsperson eine Rolle spielt (vgl. Heitele, 2009, S. 1).

Des Weiteren scheint erwähnenswert, dass es immer mehr Nachfrage für Supervision in prestigeträchtigen und lukrativen Bereichen der Wirtschaftsunternehmen gibt, wobei diese überwiegend von Männern durchgeführt wird (vgl. Klinser, 2000, S. 120; vgl. Passavant, 2003, S. 1f).

1.5.4. Frauen in der Rolle der Supervisorin

Sowohl abgleichend als auch ergänzend zum vorangehenden Kapitel wird in diesem Abschnitt eine Auseinandersetzung mit der Rolle der weiblichen Supervisorin dargestellt.

Grundsätzlich ist anzunehmen: „Frauen bevorzugen oft aus Solidarität zu Frauen diese als Supervisorinnen, dies ist dann das erste Auswahlkriterium". (Kühne-Eisendle, 2006, S. 38) Falls aber keine entsprechend qualifizierte Supervisorin zur Auswahl steht, wird die Möglichkeit, einen fachlich kompetenten Supervisor in Anspruch zu nehmen, wahrgenommen (vgl. ebd.).

Ein weiterer Grund, warum Supervisandinnen eine weibliche Supervisorin bevorzugen liegt darin, dass sich Frauen untereinander meist schneller verstehen und sich besser einfühlen können (vgl. Brandlmayr, 2009, S. 60f), was auch beinhaltet, dass es sich für Supervisorinnen leichter darstellt, klärende Fragen zu stellen, wobei bei männlichen Beratern hier oft Hemmungen gegeben sind (vgl. Koch, 2004, S. 189). Überblicksmäßig seien hinsichtlich der Erwartungen von Frauen an Supervisorinnen die schon genannte Solidarisierung untereinander und ein damit einhergehender „schonender Umgang", als auch der Wunsch, dass die Supervisorin ein gleichgeschlechtliches Vorbild darstellt, genannt (vgl. Conen, 1993, S. 218).

Aus diesem Hintergrund und diesen Erwartungen heraus lässt sich annehmen, dass es Frauen - gerade wenn es um sehr persönliche Fragestellungen geht - im Allgemeinen leichter fällt sich von Frauen beraten zu lassen (vgl. Bitzan, 2010, S. 5), wobei es aber auch sein kann: „[...], dass die Distanz zu einer Person gleichen Geschlechts als größer empfunden wird als zu einer Person anderen Geschlechts, [...]. Ein auf Ähnlichkeitsempfinden basierender Vertrauensvorschuss ist immer vom persönlichen Relevanz-System geprägt". (Bitzan, 2010, S. 5f) Aber auch die Frage inwieweit die Gegebenheit, dass Supervisorinnen in der Wahl ihrer Interventionen im Beratungsprozess entsprechend ihres Frau-Seins anders handeln könnten als ihre männlichen Kollegen, stellt in der Wahrnehmung der Supervisandinnen einen ausschlaggebenden Aspekt für den Auswahlprozess dar (vgl. Stöber, 2006, S. 97). Im Allgemeinen setzen weibliche Vortragende mehr aktivierende, kreative und spielerische Methoden ein und fordern die Teilnehmer und Teilnehmerinnen zu Kritik heraus (vgl. Baur & Marti, 2000, S. 14f).

Hinsichtlich des bereits im vorigen Kapitel erwähnten Konkurrenzverhaltens zwischen Supervisandin und Supervisor, welches sich als wenig präsent zeigt, gilt es das Konkurrenzverhalten zwischen Supervisandin und Supervisorin zu erwähnen, das hier bezüglich einer Attraktivität der Supervisorin gepaart mit Kompetenz viel stärker ausgeprägt sein kann. Supervisandinnen bewundern einerseits das Abgegrenztsein der Supervisorin, wünschen sich andererseits aber auch generell Parteinahme für Frauen (vgl. Conen, 1993, S. 219f). So gesehen kann Konkurrenz dementsprechenden Einfluss auf den Supervisionsprozess sowie auf den Auswahlprozess nehmen. Im Zusammenhang ist anzumerken:

> Auch für Frauen ist Konkurrenz ein Thema im Umgang mit einer Supervisorin. Zwar besteht hohe Erwartung […] gleichzeitig kann die Supervisorin mit ihren Fähigkeiten und ihrer Fachlichkeit eine Herausforderung in Bezug auf das eigene Rollenverständnis darstellen. Mehr noch – sie kann durch ihre Kompetenz auf manche Frauen bedrohlich wirken. Einerseits stellt sie ein Modell dar, an dem sich Frau orientieren kann, andererseits kann sie auch ein Symbol dessen sein, das in den Augen einer Supervisandin nicht für sie erreichbar ist und daher abgewehrt wird. Vor allem die Klarheit, Strukturiertheit und Abgrenzungsfähigkeit kann Frauen zu einer von Ambiguität gekennzeichneten Haltung gegenüber einer Supervisorin verleiten. (Conen, 1993, S. 219)

Ein weiterer erwähnenswerter Fakt hinsichtlich einer geschlechtlichen Differenzierung ist jener der Honorargestaltung. Weibliche Supervisorinnen verlangen geringere Honorare als ihre männlichen Kollegen (vgl. Passavant, 2003, S. 3; vgl. Klinser, 2000, 120 - 126), sind häufig im Bereich der öffentlichen Verwaltung tätig und selten im Wirtschaftsbereich wo die männlichen Kollegen vermehrt agieren. Supervisorinnen evaluieren ihre Supervisionen häufiger als männliche Kollegen und gehen häufiger in Supervision, während Supervisoren häufiger Intervision in Anspruch nehmen (vgl. ebd.).

Am Ende der Ausführungen werden mögliche Ressourcen einer weiblichen Supervisorin angeführt. Es wird beschrieben, dass Frauen beispielsweise einen sanfteren Zugang durch vorsichtigeres Arbeiten aufweisen. Weibliche Supervisorinnen werden als weniger konfrontierend wahrgenommen und als einfühlsamer beschrieben. Wie bereits angeführt, könnte ein Vorteil darin bestehen, dass bei gleichem Geschlecht ein besseres Verständnis vorherrscht, dass man als Frau eher dieselben Sichtweisen hat und es weniger Hemmungen gegenüber dem gleichen Geschlecht gibt. Supervisorinnen achten mehr auf Details und Lösungen werden verstärkt im Gruppenprozess entwickelt (vgl. Brandlmayr, 2009, S. 59f). Dem gegenüber sollte jedoch angeführt sein: „[...], dass Supervisorinnen öfter als Supervisoren zu einem direktiven Diskursstil greifen, öfter unterbrechen und ihre Meinung öfter als Tatsache hinstellen". (Abdul-Hussain, 2012, S. 84)

Auch jene Überlegung - die sicherlich auch gut im Kapitel *1.8. Welche Rolle spielt Erotik in der Supervision?* untergebracht wäre - dass Frauen mit männlichen Beratungspersonal machen was sie wollen und deshalb eine weibliche Beratungsperson bevorzugen, die ihnen nicht auf den Leim geht und Grenzen setzt (vgl. Heitele, 2009, S. 3), scheint erwähnenswert.

1.6. Übertragung und Gegenübertragung in der Supervision

Das in diesem Abschnitt angeführte Übertragungs- Gegenübertragungsmodell kann in Beratungssituationen eine große Rolle spielen, im Besonderen auch bei der Gegebenheit einer unterschiedlichen Geschlechtszugehörigkeit bei den Akteuren. Dazu sei erwähnt: „Übertragungs- und Gegenübertragungsmodelle versuchen vorrangig zu erklären, wie sich Beziehungen durch historisch gebildete Erfahrungsmuster Einzelner in ihrer Art und Qualität grundsätzlich konstellieren". (Schreyögg, 2010, S. 148) Sie können mitunter ausschlaggebend dafür sein, ob einem ein Klient oder eine Klientin „wohlgesonnen" ist oder Abstand bzw. Ablehnung vermittelt (vgl. Schreyögg, 2010, S. 149 - 151). Es ist davon auszugehen, dass dieses Modell die Beziehung zwischen Supervisand bzw. Supervisandin sowie Supervisor bzw. Supervisorin und somit auch das Geschehen im Supervisionsprozess beeinflusst.

Zur Entstehung der **Übertragungsmodells** sei erwähnt: „Freud beobachtete [...] das Patientinnen unangemessen intensive Gefühle von Liebe und Hass ihm gegenüber entwickelten. Diese Gefühlsregungen beschrieb er als Neuauflage bzw. als Nachbildung von Emotionen und Phantasien gegenüber früheren Beziehungspartnern". (Schreyögg, 2010, S. 149) Hier gilt festzuhalten: „Jeder Beziehungspartner [...] kann Übertragung entwickeln. Die partiell oder temporär asymmetrische Rollenstruktur zwischen Supervisor und Supervisand begünstigt auch in der Supervisionssituation Übertragungsphänomene". (Schreyögg, 2010, S. 151) Übertragung kann nun dann ein Problem zwischen Klient bzw. Klientin und Supervisor bzw. Supervisorin darstellen, wenn die Regressionsbereitschaft des Klienten bzw. der Klientin die autonome Handlungsfähigkeit stark einschränkt (vgl. ebd.).

In der modernen Auslegung des Übertragungskonzeptes wird davon Abstand genommen, dass ausschließlich - wie im herkömmlichen Modell angenommen - die in frühen und frühkindlichen sozialen Zusammenhängen gebildeten Erfahrungen unser Leben und Handeln bestimmen. Hier wird davon ausgegangen, dass Menschen ihr ganzes Leben lang Erfahrungsmuster bilden (vgl. Schreyögg, 2010, S. 150 - 155), was heißen soll: „[...] vor allem die aktuelle Begegnung im „Hier und Jetzt" steht im Vordergrund". (Schreyögg, 2010, S. 155)

Ergänzend und vereinfacht wird noch kurz die **„positive Übertragung"** angeführt, welche gerade zu Beginn einer Beratungsbeziehung eine notwendige Voraussetzung darstellt, wobei hier der Berater mit optimistischen Vorstellungen bedacht wird. Eine **„negative Übertragung"** hingegen ist gegeben, wenn der Berater als bedrohlich erlebt wird, ohne dass dieser in besonderer Weise dazu beiträgt. Ist diese Übertragungsart gegeben und wird bemerkt, gehört sie vom Supervisor bzw. der Supervisorin thematisiert (vgl. Belardi, 2011, S. 89f). Beispielsweise könnte sich hier eine unbewusste Übertragung der Patientin auf den Therapeuten hinsichtlich einer Eltern-Kind-Beziehung wiederholen (vgl. Becker-Fischer, 1995, S. 195).

Zur **Gegenübertragung** ist zu sagen: „Gegenübertragung wurde im Anschluss an Freud als unbewusste Reaktion des Analytikers auf die Übertragung des Patienten verstanden". (Schreyögg, 2010, S. 160) Diese Gegenübertragungen können im Supervisor Reaktionen in

Hinsicht auf unaufgearbeitete frühere Erfahrungen von diesem auslösen, die kontraproduktiv und einschränkend in der gegenseitigen Arbeit miteinander wirken. Um dieser Gegebenheit Abhilfe zu schaffen, muss man sich des Gegenübertragungsphänomens bewusst werden, dieses reflektieren und den Einfluss dessen auf den stattfindenden Prozess vermeiden. Um ein Beispiel anzuführen nennt Schreyögg, dass Jugendliche in Kinderheimen aus einer negativen Übertragung heraus die Erzieher solange attackieren, bis diese im Sinne einer Gegenübertragung nur noch wild um sich schlagen (vgl. Schreyögg, 2010, S. 160f).

Eine Schlussfolgerung daraus wäre nun: „In solchen Fällen ist es vorrangige Aufgabe von Supervision, das Unpersönliche in den Aktionen der Kinder herauszuarbeiten und die Supervisanden zu unterstützen, ihre eigene Gegenübertragungsbereitschaft genauer kennen zu lernen und dann besser als bisher zu kontrollieren". (Schreyögg, 2010, S. 161)

Erger und Molling beschreiben Übertragungsmodelle als: „Wiederholungszwänge, die von der Primärgruppe der Familie in die Tertiärgruppe der „Arbeitsfamilie" übertragen werden". (Erger & Molling, 1991, S. 127). Viele Spannungen, Entweihungen und Verfeindungen beruhen tiefenpsychologisch gesehen auf Schattenprojektionen (ebd.). So stellt sich die Frage, welche Übertragung bzw. Gegenübertragung die Supervisandin im Gegenüber des männlichen Supervisors erfährt. Mütterliche oder väterliche Prägungen in der Biografie, sowohl negativer als auch positiver Art, können auf die Geschlechterentscheidung bei der Wahl des Supervisors bzw. der Supervisorin einwirken (vgl. Erger & Molling, 1991, S. 122 - 125).

1.7. Welche Rolle spielt Erotik in der Supervision?

Erotik beschreibt die Zuneigung bzw. das Gefühl erotischer und sinnlicher Anziehungskraft, Sex hingegen ist trieb- und körpergesteuert.

Während der umfangreichen Literaturrecherchen ist des Öfteren das Thema der Erotik in der Beratungsarbeit aufgetaucht. Oft wurde dieses Thema in Bezug auf das Verhältnis von Therapeuten und Therapeutinnen zu ihren Klienten und Klientinnen behandelt, wobei anzumerken wäre, dass bei dieser als Genderphänomen bezeichneten Gegebenheit meist männliche Therapeuten Sexualität mit weiblichen Klientinnen praktizieren, was zwischen Therapeutinnen und männlichen Klienten selten vorkommt. (vgl. Becker-Fischer, 1995, S. 198; vgl. Schreyögg & Rauen, 2002, S. 290 - 292). In Anbetracht dessen, dass Supervision - wie im Kapitel *1.4. Psychotherapie, Psychoanalytik und Supervision* erläutert - ein ähnliches Setting darstellt, ist dieser Aspekt wohl auch in Bezug auf das Verhältnis von Supervisanden bzw. Supervisandinnen zu Supervisoren bzw. Supervisorinnen aufzuzeigen, wobei das Thema Missbrauch in Supervision und Coaching vermutlich seltener auftritt als in der Psychotherapie, da hier Arbeit und somit ein Feld thematisiert wird, in dem Emotionen hinter rationalen Handeln zurücktreten müssen (vgl. Schreyögg & Rauen, 2002, S. 291). Geschlechtsverhältnisse stiften grundsätzlich eine emotionale – libidinöse Ordnung, die auch in Arbeitsprozessen gilt, hier aber meist diszipliniert auftritt (vgl. Scheffler, 2005, S. 2). Beispielsweise können: „[...] Anziehung, Macht, Neid, Rivalität häufig auf Teamebene erotisiert und sexualisiert wahrgenommen werden". (Bargehr & Marth, 2000, S. 68) Was heißen mag, dass die Gegebenheit der Erotik wohl grundsätzlich ein Thema in zwischenmenschlichen Beziehungen - und hier im „Normalfall" meist zwischen Mann und Frau - darstellen kann und es nahe liegt, dass diese Gegebenheit auch in einer professionellen Begegnung während der Supervision, aber auch eine Grenzverwischung professioneller und privater Beziehung außerhalb des Settings nicht auszuschließen ist und Gefahren in sich birgt. Grundsätzlich gilt jedoch, dass sexuelle Beziehungen zwischen den Akteuren in Supervision und Therapie eine Grenzüberschreitung darstellen und aus professioneller Sicht abzulehnen sind, was aber nicht ausschließt, dass dies immer wieder vorkommen kann (vgl. Hartkamp, 1998, S. 217 - 228). Wie gerade beschrieben, werden erotische Spannungen in Beratungsprozessen als nicht selten dargestellt und es stellt sich die Frage inwieweit diese Erkenntnis für den Beratungsprozess nutzbar gemacht werden kann. Beispielsweise kann sich ein Therapeut in den Dienst der Klientin stellen und sie bei der Erforschung ihres Frau-Seins, ihrer Erotik und ihrer Sexualität unterstützen. So kann sie ihre Wirkung als Frau erproben und eventuell an ihrer Identität arbeiten (vgl. Doubrawa, 2003, S. 2f). Diese Gegebenheit kann auch darauf Einfluss nehmen, dass: „Die Frauen befürchten in den Augen der Männer durch kompetentes und selbstbewusstes Verhalten unattraktiv und „unweiblich" zu erscheinen, so dass sie sich bei männlichen Supervisoren vergewissern, in ihrer „Attraktivität" keine Einbußen zu erleiden" (Conen, 1993, S. 218), wobei weibliches Klientel keineswegs nur auf eine Macht der Attraktivität reduziert werden darf (vgl. Mühlen-Achs, 2003, S. 12).

Abgesehen von den möglichen erotischen Gegebenheiten in Beratungssituationen wird weiterführend auch der Aspekt des sexuellen Missbrauchs benannt. Vor allem im Einzelsetting steckt die Gefahr von Missbrauch, da hier immer tiefere menschliche Beziehungen bestehen als im Mehrpersonensetting. Übertragungsmechanismen der Klienten und Klientinnen in Hinsicht auf diese Thematik, sowie ein Berater der sich als „Guru" präsentiert bzw. einen „Don-Juanismus" verfolgt, tragen stark zu einer Missbrauchswahrscheinlichkeit bei (vgl. Schreyögg & Rauen, 2002, S. 291). Dazu wäre ergänzend anzumerken, dass sich gerade Klientinnen/Klienten, die sich in einer labilen psychischen Situation befinden oder eine akute Krise durchleben, prinzipiell als verführbarer für sexuellen Missbrauch zeigen, auch mit der einhergehenden Sichtweise, dass ihnen der Therapeut als Autorität durch Sexualität Rettung in Aussicht stellt (vgl. Becker-Fischer, 1995, S. 202 - 215). Besonders Klienten und Klientinnen mit Missbrauchserfahrung gelten hierbei als übermäßig gefährdet. Ebenfalls können in Beratungssituationen Sehnsüchte entstehen und es kann eine „Übertragungsliebe" stattfinden, die vom Berater bzw. der Beraterin wahrgenommen und thematisiert werden muss. Außerdem können persönliche partnerschaftliche Krise oder beispielsweise eine narzisstische Persönlichkeitsstörung des Beraters dazu führen, allzu schnell zur körperlichen Befriedigung zu greifen. Die Folgen eines solchen sexuellen Missbrauchs gehen beim Klientel meist mit Depression einher, wobei die Effekte beim Berater eine Schwächung der Selbstachtung und eine generelle Schwächung der professionellen Fähigkeit mit sich bringen (vgl. Schreyögg & Rauen, 2002, S. 290 - 294). Generell ist bei sexuellem Missbrauch darauf zu achten, dass dieser oftmals aus einem Macht-Ohnmachtgefüge heraus entsteht, welches es als Supervisor bzw. Supervisorin zu reflektieren gilt (vgl. Abdul-Hussain, 2012, S. 44).

1.8. Machtverhältnisse in der Supervision

Als letztes Kapitel des ersten Teils dieser Arbeit wird noch einen Blick auf die Machtverhältnisse und deren Einflüsse auf Supervisionsprozesse geworfen, auch weil die Debatten um Geschlecht/Gender/Sex einen Grundstock dieser Arbeit darstellen und diese nicht selten mit Macht und Machtmissbrauch verknüpft werden (vgl. Koch, 2004, S. 185). Macht ist im Felde der psychosozialen Arbeit, der Supervision und Coaching von großer Wichtigkeit, auch wenn dies oft bei Seite geschoben wird. Belohnungs-, Bestrafungs-,

Legitimations-, Experten-, Informations- und Identifikationsmacht sind Formen, die auch im Supervisions- und Coachingprozess zwischen Mann und Frau bzw. Supervisor und Supervisandin zum Tragen kommen. Auch wären hier noch die Aspekte der „direkten" und „indirekten" Macht anzuführen, wobei es für Supervisoren und Supervisorinnen wichtig ist, sich besonders mit der direkten Macht auseinander zu setzen und diese zu reflektieren (vgl. Abdul-Hussain, 2012, S. 42).

Wie schon erwähnt stellen sexuelle Beziehungen in der Beratung, der Machtmissbrauch egal ob auf sexueller, finanzieller oder andere Ebene eine Grenzüberschreitung dar und sind indiskutabel (vgl. Schreyögg & Rauen, 2002, S. 287).

Jedoch ist anzuführen: „Macht ist überall, wo aufeinander bezogen gehandelt wird. Man kann Macht nicht nicht ausüben. [...] Expertenwissen (männlicher Experte/Klientin) kann unweigerlich zu einem Machtgefälle führen". (Koch, 2004, S. 188) Diese asymmetrischen Beratungsarrangements in denen der Klient als „Nichtwissender" und der Berater als jene Person gilt, die etwas weiß, werden mit dem Begriff des „narzisstischen Missbrauchs" in Verbindung gebracht. Der narzisstische Coach nützt sein Gegenüber als Bestätigung für sein Handeln, will von der Klientel bewundert werden und fühlt sich dadurch groß und mächtig (vgl. Schmidt-Lellek, 1995, S. 171 - 190).

Kinkel Fritz (1987), spricht von einer „ich-haften Machtausübung", wenn sie eher benutzend statt stärkend ausgeübt wird (vgl. Brandlmayr, 2009, S. 6). Beispielsweise wäre diese Art von Machtmissbrauch gegeben, wenn der Klientin nur eine Möglichkeit zur Lösung ihrer Thematik durch die Arbeit mit dem Therapeuten eröffnet wird und zwar genau jene, die dem Therapeuten nutzen würde (vgl. Koch, 2004, S. 188). Auch zeichnet sich der Professionelle durch asymmetrische Beziehungsgegebenheiten verleitet, seinen Willen in den Vordergrund zu stellen und so einzuwirken. Es scheint somit jede professionelle Beziehung dadurch definiert, dass der Professionelle den Klienten beeinflusst, ja der Professionelle ist sogar qua Kontra vom Klienten zu seiner Beeinflussung beauftragt (vgl. Schreyögg & Rauen, 2002, S. 288). Diese Beeinflussung zählt in professionellen Beziehungen von Klienten-Seite als legitim, wobei Macht als eine Form der Beeinflussung gesehen heißt: „Macht bedeutet jede

Chance, innerhalb einer sozialen Beziehung den eigenen Willen auch gegen Widerstreben durchzusetzen, gleichviel worauf diese Chance beruht". (Weber, 1976, S. 28)

Macht kann aber auch positiv eingesetzt werden (vgl. Koch, 2004, S. 188), wohl ist eine symmetrische Beziehung zwischen dem Klienten bzw. der Klientin und dem Supervisor bzw. der Supervisorin anzustreben. Im Besonderen, wenn das „Ich" des Klienten bzw. der Klientin geschwächt erscheint, ist darauf zu achten in der Interaktion diese Schwäche wieder zu stärken um eine eventuelle Machteinwirkung seitens des Coachs zu verhindern (vgl. Schreyögg & Rauen, 2002, S. 288).

II. Was Mann und Frau betrifft

2. Mann-Sein und / oder Frau-Sein

Ob Männer tatsächlich vom Mars und Frau von der Venus sind, wie dies Cris Evatt (1998) in seinem Buch bezüglich den Unterschieden von Männern und Frauen auf humoristische Art zu erläutern versucht, wird sich in diesem Kapitel wohl nicht klären lassen, jedoch könnte es gelingen, sich der Annahme von John Gray (1998): „Männer sind anders. Frauen auch" zu nähern.

Im Jahr 2009 lebten 48,7% Männer und 51,3% Frauen in Österreich (vgl. Bundeskanzleramt - Bundesministerin für Frauen und öffentliche Dienste 2010, S. 13). Gerade aus dieser scheinbar klaren Trennung heraus ist zu erkennen, dass das Geschlecht eine der zentralsten sozialen Kategorien darstellt (vgl. Haindl, 2004, S. 6, Teil 1). Davon ausgehend scheint: „Wir wachsen in einer zweigeschlechtlich strukturierten Gesellschaft auf und lernen deren Spielregeln. Das soziokulturelle Umfeld bestimmt mit, was wir als „weiblich" und was als „männlich" empfinden und bezeichnen". (Haindl, 2004, S. 3, Teil 1) Weiterführend sei gesagt: „Viele Frauen und Männer sind davon überzeugt, dass es zwei Geschlechter gibt und diese sich komplementär voneinander unterscheiden: Männer sind stark und aktiv, denken logisch und sind beruflich engagiert. Frauen sind schwach, passiv sowie emotional, denken unlogisch, sind beziehungsorientiert und beruflich wenig ambitioniert. [...] Zentral dabei ist, dass Frauen und Männer nicht nur an diesen Unterschied glauben, sondern ihn auch wahrnehmen und erleben". (Abdul-Hussain, 2012, S. 85)

Gerade auch bezugnehmend auf die Thematik möglicher Geschlechtsunterschiede in Supervisionsprozessen konzentriert sich dieser Teil der Arbeit auf das Frauen- bzw. Männerbild. Da wir uns - wie bereits im Abschnitt *I. Supervision* erwähnt - ja auch im Supervisionsprozess als Mann und Frau begegnen, können wohl auch grundsätzliche Annahmen der Geschlechtlichkeit auf den Supervisionsprozess übertragen werden. Es sollte jedoch zu erwarten sein, dass seitens des Supervisors bzw. der Supervisorin eine entsprechend professionelle Ausbildung gegeben ist und ein reflektiertes Bild des Aspektes der Zweigeschlechtlichkeit vorherrscht (vgl. Abdul-Hussain, 2012, S. 113). Ja mehr noch, diese Thematik der „Genderperspektive" in Theorie und Praxis sollte ein Grundprinzip supervisorischen Handelns darstellen, wobei hier kritisch anzumerken ist, dass Gender in Supervision und Coaching sowie in den entsprechenden Ausbildungslehrgängen noch viel zu wenig behandelt wird, obwohl dies eine bedeutende Strukturkategorie in der Supervision darstellt (vgl. Abdul-Hussain, 2012, S. 17).

Noch etwas verallgemeinert wird in den nachstehenden Kapiteln ein genaueres und möglicherweise differenzierteres Bild gezeichnet. In Hinsicht einer Differenzierung der Geschlechter ist anzuführen:

> Aus der Ethologie und der vergleichbaren Verhaltensforschung wissen wir, dass sich Frauen und Männer mehr oder weniger unterschiedlich verhalten, je nachdem, welche (zumeist ungeschriebenen) Regeln und Vorschriften für die beiden Geschlechter in der jeweiligen Gesellschaft und Kulturepoche gelten. (Kasten, 1996, S. 1)

Weiterführend zeichnen sich psychologische wie auch die sozialen und biologischen Einflussfaktoren für die Ausdifferenzierung von geschlechtlichen Verhalten verantwortlich (vgl. Kasten, 1996, S. 20f). Bezüglich dieser Gegebenheit zeigt sich und dies scheint auch für den Supervisionsprozess als äußerst relevant: „Da Frauen und Männer per se unterschiedlich sind, verhalten sie sich unterschiedlich und haben daher *unterschiedliche Lebenslagen* [Hervorgehoben v. Verf.]". (Abdul-Hussain, 2012, S. 15) Dies kann unterschiedliche Bewältigungsformen in Hinsicht auf Problemstellungen zur Folge haben (vgl. Kasten, 1996, S. 200). Beispielsweise interessieren sich Männer mehr für die Sache und Frauen mehr für Menschen. Hieraus wiederum ergeben sich Positionen, dass Fürsorglichkeit einen hohen Stellenwert für das weibliche Geschlecht darstellt, während für Männer Gerechtigkeit und Pflichtbewusstsein ganz oben rangiert (vgl. Kasten, 1996, S. 115f). Bezüglich der Fragestellung: „Moralische Differenz oder geteilte Werte?" - stellen Gertrud Nunner-Winkler und Marion Nikele die These auf, dass Frauen eher eine flexible Fürsorglichkeits-, Männer eine rigide Gerechtigkeitsethik vertreten. Diese Annahme wird jedoch durch eine Studie dahingehend widerlegt, dass nicht die Geschlechter-, sondern die Generationszugehörigkeit einen Unterschied darstellt, wobei bei jüngeren Befragten ein Liberalisierungsschub festgestellt wurde, auch hinsichtlich Rigidität entgegen von Flexibilität (vgl. Nunner-Winkler & Nikele, 2001, S. 108 - 135).

Weiterführend ist anzudenken, dass der Mann nach wie vor als Familienerhalter und Hauptverdiener wahrgenommen wird, während der Frau in erster Linie immer noch das Gebären und Großziehen von Kindern zugeteilt ist (vgl. Kasten, 1996, S. 192 - 194). Dem zu Folge meint Karin Gottschall: „Unsere kapitalistische Gesellschaft ist charakterisiert durch die systematische Trennung von Familien- und Erwerbsleben in Form der vorrangig Frauen zugewiesenen unentgeltlichen Hausarbeit und der vorrangig Männern zugewiesenen bezahlten Erwerbsarbeit". (Gottschall, 1995, S. 126). Im Zusammenhang damit sei auch darauf hingewiesen: „Frauen sind im Vergleich zu Männern mit schlechteren Arbeitsmarktchancen konfrontiert". (Klinser, 2000, S. 63) Allgemein scheint nach Oakley (1981), das männliche Geschlecht mehr Ansehen als das weibliche zu genießen. Das Ergebnis einer Untersuchung stellt dar: Frauen wünschen sich überwiegend einen Sohn. Wenn eine Tochter geboren wird, sind 56% damit zufrieden und 44% enttäuscht. Wenn ein Sohn geboren wird, sind 93% damit zufrieden und lediglich 3% enttäuscht. Den hier fehlenden Prozentsätzen ist das Geschlecht egal (vgl. Kasten, 1996, S. 50). Damit in Verbindung sei angeführt, dass das „Weibliche" und „Männliche" nicht gleichwertig anerkannt scheint und hierarchisiert wird, wobei das „Männliche" als das Vollkommene und das „Weibliche" als Mangelzustand definiert wird (vgl. Erger & Molling, 1991, S. 22).

Zu guter Letzt sei gesagt: „Weiblichkeit und Männlichkeit sind [...] erlernt und inkorporiert, daher aber auch veränderbar". (Abdul-Hussain, 2012, S. 15)

2.1. Biologisches Geschlecht

Zur Ausbildung biologischer Geschlechtsunterschiede ist zu bemerken, dass bereits bei der Zeugung das genetische Geschlecht festgelegt wird. Entscheidend hierfür ist ein paarig angelegtes X-Chromosom für das weibliche Geschlecht, wobei das männliche Geschlecht von einem X- und einem Y-Chromosom bestimmt wird. In der embryonalen Entwicklung entsteht vorerst eine geschlechtsneutrale Keimdrüse, wobei sich hieraus im Zuge der Schwangerschaft beim männlichen Geschlecht die Hodenanlagen und beim weiblichen Geschlecht die Eierstöcke bilden. Für die weitere Entwicklung der Geschlechtlichkeit, wie unter anderem den inneren und äußeren Geschlechtsmerkmalen, sind diese Keimdrüsen und die damit einhergehende Hormonabsonderung maßgeblich (vgl. Kasten, 1996, S. 4 - 6). Beispielsweise werden in den Hoden des männlichen Embryo Androgene (männliche Hormone) produziert, die auch Gehirnstrukturen, die etwas mit dem Verhalten zu tun haben, beeinflussen (vgl. Bischof-Köhler, 2006, S. 9). In Folge entwickelt sich im Fötus das körperliche Geschlecht und somit die inneren wie äußeren Geschlechtsorgane. Es kann durch den komplexen Prozess der Geschlechtsausbildung vorkommen, dass richtig geglaubte Differenzierungen den Gegebenheiten nach nicht einer klaren Geschlechtertrennung entsprechen (vgl. Kasten, 1996, S. 4 - 6). Im „Normalfall" jedoch ergibt sich:

> Eine ungestörte, normale Entwicklung ist dadurch charakterisiert, dass sich das genetische (chromosomale) Geschlecht über das Keimdrüsen- und Hormongeschlecht und das äußere (somatische oder körperliche) Geschlecht auf die soziale Erziehung des Kindes als Junge bzw. Mädchen auswirkt; so bildet sich die entsprechende >>eindeutige<< feminine bzw. maskuline Geschlechtsidentität heraus. (Kasten, 1996, S. 11)

Als wichtigstes Faktum sei abschließend zu nennen, dass das biologische Geschlecht schon bei der Geburt vom Arzt oder Hebamme den äußeren Geschlechtsmerkmalen nach festgestellt wird und diese durchgeführte Festlegung Einfluss auf die Entwicklung der Person nimmt und auch die spätere Erziehungsausrichtung bestimmt (vgl. Kasten, 1996, S. 17). So zählt: „Biologische Geschlechtlichkeit und all die damit verbundenen Prägungen, Zuschreibungen und Normierungen haben in unserem alltäglichen Handeln beruflicher und privater Natur existenzielle Aussagekraft". (Haindl, 2004, S. 1, Teil 1)

2.2. Soziales Geschlecht

Das soziale Geschlecht wird im Gegensatz zur gerade erwähnten biologischen Sicht als soziale Kategorie gesehen. Hinsichtlich der Annahme einer zweigeschlechtlichen Kultur werden biologische Kriterien eindeutig zugewiesen, jedoch können Verhaltensweisen von Mann und Frau dem gegensätzlich und ganz anders sein. Der gesellschaftliche Prozess des Mann- beziehungsweise Frau-Werdens liegt primären im Fokus (vgl. Faulstich-Wieland, 2004, S. 175f). So ist das soziale Geschlecht als etwas, das wir tun zu begreifen (vgl. Haindl, 2004, S. 11, Teil 1), und beinhaltet bezugnehmend auf soziale Geschlechtsidentität: „Auch nach der Geburt finden sowohl in körperlicher wie in psychischer Hinsicht weitere geschlechtliche Differenzierungen statt. Diese psychosexuellen Entwicklungsprozesse werden weitgehend durch die individuelle Biografie und Lerngeschichte bestimmt [...]". (Kasten, 1996, S. 17)

Kasten führt vier Theoriemodelle zur Entwicklung des sozialen Geschlechts an:

- **Die Bekräftigungstheorie:** nimmt an, dass bei Jungen und Mädchen die Verhaltensweisen, die ihrem Geschlecht angemessen sind durch Lob und Anerkennung bekräftigt werden. Ein Klischee dafür wäre, dass Jungen tapfer sein müssen und nicht weinen sollen, während Mädchen in ihrer Erziehung bereitwillig Trost gespendet bekommen (vgl. Kasten, 1996, S. 21 - 26).

- **Die Imitationstheorie:** „Die Imitationstheorie der Entwicklung von Geschlechtsunterschieden geht davon aus, dass Jungen und Mädchen für ihr Geschlecht typisches Verhalten dadurch erwerben, dass sie gleichgeschlechtliche Modelle beobachten und deren geschlechtsangemessenes Verhalten nachahmen und übernehmen". (Kasten, 1996, S. 29)

- **Die Identifikationstheorie:** Es wird angenommen, dass sich zwischen Kindern und ihren primären Bezugspersonen eine intensive gefühlsmäßige Beziehung entwickelt. Diese ist Anlass, dass sich das Mädchen mit der Mutter und der Sohn mit dem Vater identifiziert bzw. sich innerlich mit dem gleichgeschlechtlichen Elternteil als identisch erlebt (vgl. Kasten, 1996. S. 33).

- **Die kognitive Theorie:** „Diese Theorie geht davon aus, dass sich die geistige Entwicklung des Menschen gesetzmäßig und sozusagen von innen gesteuert [...] vollzieht". (Kasten, 1996, S. 36) Dem heranwachsenden Kind wird zugeschrieben, dass es durch die Auseinandersetzung mit der physikalischen und sozialen Umwelt Wissen erlangt, unter anderem auch in Bezug auf Unterschiede und unterschiedliche Merkmale von Mann und Frau (vgl. Kasten, 1996, S. 36f).

Bezugnehmend auf diese vier eben angeführten psychologischen Theorien ist zu bemerken, dass es sowohl bekräftigende als auch entkräftende Studien gibt. Jedoch ist anzunehmen, dass jeder Theorieansatz - wenn auch eingeschränkt - Einfluss auf die Geschlechtsrollenentwicklung nimmt (vgl. Kasten, 1996, S. 43).

Zum Schluss dieser Ausführungen ist festzuhalten, dass eine klare Geschlechtsdifferenzierung durch die Vielfalt der Möglichkeiten von der biologischen bis hin zur sozialen Geschlechtsidentität nicht immer eindeutig möglich ist. Es sollte wohl eine individuelle Geschlechtsidentität stattfinden, die „männliche" als auch „weibliche" Anteile der Person beurteilt (vgl. Kasten, 1996, S. 19), wobei Kasten hier den androgynen-, den femininen-, den maskulinen- und den undifferenzierten psychologischen Persönlichkeitstypen anführt (vgl. Kasten, 1996, S. 231f). Genderidentität und Geschlechterrollen sagen uns wie eine Frau als Frau oder ein Mann als Mann zu sein hat. Hier lasten Wertungen und Normen auf uns Menschen, die oft Jahrhunderte an Geschichte haben und uns durch unsere Kultur und unsere Sozialisierung vermittelt werden (vgl. Abdul-Hussain, 2012, S. 32f).

2.3. Die Geschichte der Geschlechter

Bevor weiterhin die Gegensätzen und Ähnlichkeiten von Männern und Frauen betrachtet werden, wird kurz ein geschichtlicher Überblick über diese Thematik gegeben. Dieser Rückblick soll unter anderem auch den hierarchischen Stellenwert von Geschlechtlichkeit in der Beziehung zueinander und den Umgang miteinander präsentieren sowie das historisch geprägte Bild des Mannes beleuchten.

Männer- und Frauenrollen werden uns zumeist von unserem Elternhaus vermittelt und tragen oft Jahrhunderte an Geschichte mit sich. Besonders die hierarchischen Strukturen - wobei der Mann hier meist eine höhere Position einnimmt - zeigen sich durch historische Gegebenheiten geprägt (vgl. Abdul-Hussain, 2012, S. 32f). Was heißt: „Die Rollenerwartungen an Frauen und Männer setzt sich zusammen aus ihrer eigenen Erfahrung und aus Normen, wie sie sich verhalten sollen, sowie aus Mythen, wie Frauen und Männer schon immer waren". (Baur & Marti, 2000, S. 12) Beispielsweise wird im Herkömmlichen dem Mann die Rolle des Beschützers zugetragen, wobei die Frau als die arme zu beschützende gilt, die keine Verantwortung zu übernehmen hat und diese Rolle auch anzunehmen scheint (vgl. Erger & Molling, 1991, S. 29). Insbesondere die Gegenständlichkeit von Macht wiegt schwer denn: „Bestimmte gesellschaftliche Grundauffassungen, beispielsweise von Macht, haben sich kaum fortentwickelt. Macht ist im Wesentlichen, so scheint uns, immer noch nach

Geschlechtszugehörigkeit verteilt. Dabei wird das Weibliche, wenn nicht strukturell unterdrückt und unterbewertet, mindestens verschwiegen und privatisiert. (Erger & Molling, 1991, S. 31) Woraus sich ergibt: „Prestigeträchtige Positionen in der Gesellschaft obliegen hauptsächlich Männern". (ebd.)

Abgesehen vom herkömmlichen Werdegang des Patriarchats und dem damit gängigen Patriachatsverständnis, wobei der Mann als Norm gilt und hierarchisch über der Frau steht (vgl. Abdul-Hussain, 2012, S. 77) und dem der Gegenbewegung das Matriarchats, beginnt die Retrospektive am Ende des 1800 Jahrhunderts, als Frauen noch um das Wahlrecht, das Scheidungsrecht, Persönlichkeitsrechte in der Ehe und das Recht auf Eigentum und Bildung kämpften. Bis in die 1950er Jahre des 20. Jahrhunderts änderte sich daran wenig, die Rollen blieben klar verteilt. Wie schon erwähnt galt der Mann als der Ernährer und war für alles außerhalb der eigenen vier Wände zuständig wie öffentliche Veranstaltungen und Politik. Die Frau war für das Erziehen der Kinder zuständig, obwohl auch hier Männer letztendlich die Entscheidung für Familienangelegenheiten trafen (Erger & Molling, 1991, S. 26). In den 1970er Jahren begannen feministische Bewegungen die Problematik der Diskriminierung von Frauen in den Mittelpunkt ihrer Ambitionen zu stellen. Unter dem Titel „Chancengleichheit" wird für gleiche Chancen, gleiche Bildung und die Anerkennung gleicher Fähigkeiten bei Männern und Frauen gekämpft (vgl. Abdul-Hussain, 2012, S. 69f). Diese Aufbruchstimmung, in der Frauen die Männerherrschaft in Frage stellten, hat zu einem Wandel der eingefahrenen Geschlechterstrukturen geführt (vgl. Erger & Molling, 1991, S. 27). Bei der Frauenkonferenz 1995 in Peking wurde ein Abschlussdokument verabschiedet, das 1997 in den Amsterdamer Vertrag aufgenommen wurde (vgl. Bereswill & Ehlert, 2011, S. 148). Ebendiese wurden 1996 bzw. 1999 in der Ratifizierung des Amsterdamer Vertrags festgelegt, wobei sich alle Staaten der Europäischen Union dazu verpflichtet haben, sich im Sinne des „Gendermainstream" für die Gleichstellung der Geschlechter einzusetzen. Der entsprechende Vertrag trat am 1. Mai 1999 in Kraft. In Österreich wurden diese Überlegung endgültig im Gleichbehandlungsgesetz des Jahres 2004 beschlossen (vgl. Abdul-Hussain, 2012, S. 45 - 71).

2.4. Vom Jungen zum Mann und vom Mädchen zur Frau

Wie eben beschrieben entwickeln wir uns nach der Geburt und der Feststellung des „Biologischen Geschlechts" hinsichtlich der Überlegungen eines „Sozialen Geschlecht" immer weiter. Im Regelfall sind Mütter die ersten Bezugspersonen für beide Geschlechter, wobei Mädchen in der Identifikation mit der Mutter bleiben und so ein „beziehungsorientiertes Selbst" entwickeln und Jungen sich aus dieser Bindung lösen müssen und ein „autonomes Selbst" aufbauen (vgl. Nunner-Winkler, 2010, S. 83).

Sozialisation darf aber keinesfalls als kausale Einflussnahme auf das Kind gesehen werden, sondern ist vielmehr ein interaktiver Prozess, bei dem geschlechtstypische Verhaltensvorgaben und Reaktionsbereitschaft der Kinder die Richtung mitbestimmen (vgl. Bischof-Köhler, 2006, S. 67f).

Schon in der Kindheit und der folgenden Entwicklung zum Jugendlichen lassen sich Unterschiede zwischen Jungen und Mädchen feststellen. Diese sind grundlegend für unseren weiteren Werdegang und schaffen einen Zugang zu einem Geschlechterrollenverhalten. Schon bei Kleinkindern sind geschlechtsspezifische Unterschiede zu erkennen, beispielsweise indem wie sie mit Spielzeug umgehen oder mit ihrer Mutter agieren. Auch bei einer kurzfristigen Trennung von der Mutter reagieren Mädchen anders als Jungen. Wobei zu bedenken ist, dass von Mädchen und Jungen ja schon von Beginn an verschiedenes Verhalten verlangt wird. So gelten Jungen schon im Mutterleib als aktiver und von Geburt an als reizbarer und impulsiver. Weiterführend ist anzuführen: „Zu Beginn des Vorschulalters verfügen Jungen und Mädchen schon über eine Reihe unterschiedlicher Fähigkeiten, die sich geschlechtsspezifisch weiter differenzieren". (Erger & Molling, 1991, S. 37) Beispielsweise lassen sich Jungen von Unbekannten weniger leicht ängstigen, neigen zu riskanten Verhaltensweisen und legen ein dominanteres Verhalten und ein stärkeres Selbstbewusstsein an den Tag als ihr geschlechtliches Gegenüber. Sie sind risikobereiter, explorativer, durchsetzungsorientierter (vgl. Bischof-Köhler, 2006, S. 21 - 23) und werden als aggressiver sowie ungestüm wahrgenommen (vgl. Kasten, 1996, S. 26). Ebenfalls gilt für Männer, dass sich diese schon in Kinderjahren als Selbstdarsteller präsentieren und die Ambition haben Gespräche zu dominieren (vgl. Bischof-Köhler, Artikel S. 265 - 270). Jungen attribuieren Erfolg auf das eigene Können und bei Fehlschlägen wird das Umfeld als schuldig dargestellt, während

Mädchen die Ursache für Misserfolg in erster Linie bei sich selbst sehen (vgl. Bischof-Köhler, 2006, S. 10). So gilt für Mädchen weiter, dass diese unauffälliger und leichter zu beruhigen sind sowie bei ihnen meist stabile Emotionszustände vorherrschen. Mädchen können als sozial sensibel bezeichnet werden und suchen häufiger den Blickkontakt als ihr männliches Gegenüber. Auch das Phänomen der Gefühlsansteckung betrifft Mädchen mehr, worauf auch eine höhere Bereitschaft für Empathie - die für Frauen typisch ist - zurückzuführen ist. So gelten Frauen als personenorientierter, fürsorglicher und einfühlsamer, neigen zu Ängstlichkeit, Gehorsam und zu größerer Nähe bei persönlichem Kontakt (vgl. Bischof-Köhler, 2006, S. 23). Im Weiteren sei erwähnt: „Sie [die Mädchen] sind in ihrem Sozialverhalten kooperativer, hilfsbereiter und stärker an anderen Kindern interessiert als Jungen". (Kasten, 1996, S. 116)

Ausgehend davon muss zu einer unterschiedlichen Erziehung angeführt werden, dass Mütter wie auch Väter ihre Söhne leistungsorientierter erziehen und das Wettbewerbsverhalten stärker unterstützen, während Töchter meist dazu angehalten werden sauber, ordentlich und brav zu sein. Eltern sind ihren Töchtern gegenüber zärtlich, liebevoll, gefühlsbetont, während sie von ihren Söhnen Affektkontrolle und Unabhängigkeit erwarten. (vgl. Kasten, 1996, S. 21 - 25 , 243).

Bezüglich der Entstehung von Rangordnungen bei Mädchen bilden sich diese aus der Gegebenheit heraus, dass andere Frauen oder eben Mädchen bewundert werden. Anders als bei Jungen äußert sich aggressives Verhalten kaum auf brachiale Art und Weise, sondern als Beziehungsaggression, die auf soziale Abgrenzung abzielt (vgl. Bischof-Köhler, 2006, S. 281 - 292). Einige diese Aspekte scheinen auch hinsichtlich des Supervisionsprozesses und dem dritten Teil dieser Arbeit mit der Überschrift *III. Das Feld der Sozialen Arbeit* als sehr interessant.

Abschließend scheint es wichtig zu erwähnen, dass Untersuchungen zeigen, dass wenn Eltern ihre Kinder bewusst geschlechtsneutral erziehen, dies das Ergebnis mit sich bringt, dass sich beispielsweise Jungen aggressiver zeigen als Geschlechtsgenossen, die einer „normalen" Erziehung entspringen. Ebenso wurde bemerkt, dass Mädchen bei Konflikten häufiger den Rückzug antraten als die Jungen, und diese noch ängstlicher sowie abhängiger agierten und somit die Jungen die Mädchen eindeutig dominierten. Es konnte keine Geschlechtsangleichung festgestellt werden (vgl. Bischof-Köhler, 2006, S. 26 - 29). Trotzdem meint Abdul-Hussain, dass Weiblichkeit und Männlichkeit veränderbar sind, wenn man in frühen Jahren mit geschlechtersensibler Pädagogik oder in der Schulzeit mit geschlechterorientierter Berufsorientierung ansetzen würde (vgl. Abdul-Hussain, 2012, S. 15).

2.5. Geschlechterrollen und Stereotype

Weiterführend zum vorhergehenden Kapitel wird hier die Frage behandelt, inwieweit das Erfüllen von Geschlechterrollen und die damit verbundenen Erwartungen beim Auswahlprozess - insbesondere von Supervisoren seitens von im Sozialbereich tätigen Frauen und Frauenteams - miteinbezogen werden und wie in Folge solche Erwartungen im Supervisionsprozess wirken. Aus diesem Grund gilt es einen Überblick über Geschlechterrollen und den damit einhergehende Stereotype zu präsentieren, wobei die Begrifflichkeit der Geschlechterstereotype als eng verwandt mit jener der Geschlechterrollen zu begreifen ist (vgl. Eckes, 2010, S. 171).

Es ist anzunehmen: „Geschlechterrollen sind Statusrollen, die an die biologische Gegebenheit „Frau" und „Mann" anknüpft und allgemeine Verhaltensregeln für das jeweilige Geschlecht bedeutet". (Helge Pross, 1984, S. 17; zit. n. Erger und Molling, 1991, S. 26) Ergänzend hierzu sei erwähnt:

> Die Natur kennt keine Kategorien und bringt auch keine hervor. Kategorien sind immer gesellschaftlich produziert und haben den Zweck, menschliche Erfahrungen zu ordnen und zu organisieren. Um unbestreitbare Unterschiede zwischen individuellen Menschen als Kategorien etablieren zu können - seien es Rassen-, Klassen- oder eben Geschlechterkategorien -, müssen einerseits die zwischen ihnen bestehenden Gemeinsamkeiten weitgehend negiert oder bagatellisiert und andererseits die Unterschiede dramatisiert, in systematischer Weise hervorgehoben, durch Wertungen gewichtet und durch gesellschaftliche Mechanismen forciert werden [...]. (Mühlen-Achs, 1998, S. 17)

Geschlechterrollen und Geschlechterstereotype begleiten uns wohl allgegenwärtig wie zum Beispiel, wenn wir morgens den Radio einschalten und sich Herbert Grönemeyer (1984) in seinem Song „Männer" die Frage stellt: Wann ist ein Mann ein Mann? Und er dabei behauptet: „Männer haben´s schwer, nehmen´s leicht, außen hart und innen ganz weich. Werden als Kind schon als Mann geeicht." Oder wenn Milva (1978) in ihrem Song „Zusammenleben" zu der Erkenntnis gelang: „Wer wird als Frau den schon geboren? Man wird zur Frau doch erst gemacht". Gerade diese Stereotype und Rollenzuschreibungen gilt es hier zu begutachten und auf ihre Gültigkeit zu überprüfen.

Will man ganz vorne beginnen so trifft zu: „Die Rollenentwicklung beginnt für Moreno bereits *vor der Geburt* [Hervorhebung v. Verf.] und ist ein lebenslanger Prozess. [...]. Im Embryonalstadium ist der Fötus bereits unterschiedlichen (Rollen-)Erwartungen und Wertungen ausgesetzt. Es ist wesentlich, wie die Eltern und die anderen Menschen ihre sozialen Atome auf das Geschlecht des Kindes reagieren". (Stöber, 2006, S. 93) Spätestens nach der Geburt beeinflussen Geschlechtsstereotype der jeweiligen Kultur das psychologische Geschlecht. Vorhandene Geschlechtsunterschiede können dem zur Folge verstärkt, vermindert oder dadurch erst aufgezeigt werden (vgl. Asendorpf, 2007, S. 379). Im Alter von zwei Jahren erlernen Kinder Geschlechtsstereotype, die kognitiv kulturspezifische Erwartungen in Form von Geschlechterrollen repräsentieren (vgl. Asendorpf, 2009, S. 159 - 169). Bischof-Köhler meint dagegen: „Die Erkenntnisse der Geschlechterstereotypen entsteht im dritten und vierten Lebensjahr". (Bischof-Köhler, 2006, S. 71f) Laut Mischel werden diese Verhaltensmuster durch Belohnung sowie Bestrafung als auch durch Beobachtung und Nachahmung gelernt. So gilt für Kohlberg die Geschlechterrollenübernahme als ein üblicher Lernvorgang, der in erster Linie der kreativen Eigenleistung des Kindes zuzuschreiben ist (vgl. Bischof-Köhler, 2006, S. 62 - 66). Weiter ist anzumerken: „Ausschlaggebend für die Geschlechterrollenentwicklung ist der anatomische Unterschied - Jungen haben einen Penis und Mädchen nicht". (Kasten, 1996, S. 46) Hierbei sei kurz auf die von Freud aufgestellte Theorie des Ödipus- bzw. Elektrakomplex verwiesen, der wohl nicht mehr als ganz zeitgerecht angesehen werden kann, aber doch viele Jahre als prägend für den psychoanalytischen Bereich galt. Hierbei schreibt Freund, dass die Entwicklung von Jungen und Mädchen nicht symmetrisch verläuft. Er beschreibt: „Das Mädchen bemerkt [...] den auffällig sichtbaren groß angelegten Penis eines Bruders oder Gespielen, erkennt ihn sofort als das überlegene Gegenstück seines eigenen, kleinen versteckten Organs und ist von da an dem Penisneid verfallen". (Bischof-Köhler, 2006, S. 47) Durch die daraus resultierende unterschiedliche Behandlung von Männern und Frauen (vgl. Kasten, 1996, S. 72) und das „Uns" im Verhältnis zu den anderen zu erleben, entwickelt Geschlechterrollen (vgl. Erger & Molling, 1991, S. 108). So gilt laut Thomas Eckes: „Geschlechterstereotype sind kognitive Strukturen, die sozial geteiltes Wissen über die charakteristischen Merkmale von Frau und Mann enthalten". (Eckes, 2010, S. 171) In Folge scheint: „Das Konstrukt Geschlecht basiert auf sozialen Prozessen, sozialen Verhältnissen und sozialen Strukturen". (Lorber, 1998, S. 50; zit n. Klinser 2000, S. 60) Was heißt, Kultur und Gesellschaft zeichnen sich wichtig für die Rollenerwartung des jeweiligen Geschlechts (vgl. Stöber, 2006, S. 94), wobei sich geschlechtsspezifisches Verhalten nicht ausschließlich durch soziokulturelle Faktoren begründen lässt (vgl. Bischof-Köhler, 2006, S. 20 - 26). Es scheint: „In jedem Fall liegt die Betonung beim Geschlechterrollenkonzept auf den sozial geteilten *Verhaltenserwartungen*, die sich auf Individuen aufgrund ihres sozial zugeschriebenen Geschlechts richtet". (Nestvogel, 2010, S. 171)

Ist man 1974 im Zuge der Untersuchung von Maccoby und Jacklin davon ausgegangen, dass Geschlechtsstereotypen eher als Mythen - die es besonders für Männer aufrecht zu erhalten gilt um die Vorherrschaft zu sichern - gelten, die von Generation zu Generation weitergegeben werden und somit rein aus einer Sozialisation heraus entstehen, so wurden diese Erkenntnisse mit der Zeit mehr und mehr widerlegt bzw. eine Perspektivenerweiterung unterzogen. Geschlechterstereotypen ergeben sich somit nicht nur ausschließlich der Sozialisation nach, sondern auch aus kognitiven Faktoren und einer biologischen Mitverursachung. Eine weitere Überlegung ist, dass Geschlechtsstereotype als Erbanlagen geltend gemacht werden, die sich unabhängig von den Umwelteinflüssen entfalten (vgl. Bischof-Köhler, 2006, S. 20 - 35).

Wie aus diesem Kapitel zu entnehmen ist, gibt es viele Überlegungen und Ansätze um die Entstehung und „das Gelingen" von Geschlechterrollen und Geschlechterrollenstereotypen zu erläutern. Wichtig - auch für einen etwaigen Supervisionsprozess - zu erwähnen scheint jedoch, dass die Frau zwischen alten und neuen gesellschaftlichen Leitbildern schwankt und sich emotional mit keinem aussöhnen kann. Frauen fallen oft bei Krisensituationen in ihr altes Rollenverhalten zurück und holen sich Hilfe bei einem Mann, der als eine Art Versorgungsinstanz wahrgenommen wird (vgl. Erger & Molling, 1991, S. 29f). Damit einhergehend wäre anzuführen: „Männer und Frauen zeichnen sich durch Rollenunsicherheit aus. In Krisen können rudimentäre oder alte Rollenklischees deutlich werden, die geleugnet werden müssen, da sie oft mit dem eigenen Ideal nicht übereinstimmen. Rivalität, Neid, Macht, Erotik werden nivelliert". (Erger & Molling, 1991, S. 48)

Diese Annahmen bzw. Ausführungen und gerade weil Supervision oftmals in Krisensituationen angefordert wird, könnten einen Grund dafür darstellen, warum Frauen einen männlichen Supervisor bevorzugen.

Damit verbunden zeigt sich: „Die in unserer Gesellschaft nachweisbaren *Geschlechterrollenstereotype ordnen der Frau und dem Mann* typische Eigenschaften zu, die oft gegensätzliche Merkmalspaare bilden, unsere Erwartungen leiten und in konkreten sozialen Situationen unser Verhalten [...] steuern". (Kasten, 1996, S. 228) Beispielsweise sagen Geschlechtsstereotype, dass Frauen emotional ansprechbarer, gefühlsbetonter und gefühlsbezogener reagieren als Männer. Auch fällt es Frauen leichter als Männern sich in die Lage anderer zu versetzen. Frauen werden als sprachlich begabter dargestellt, wobei Männern eine bessere räumliche Vorstellung bescheinigt wird (vgl. Kasten, 1996, S. 239 - 246). Einige weitere Geschlechterrollenstereotype hinsichtlich des Mannes wären, dass dieser: schneller denkt, direkter, bestimmter und entschlossener ist. Er gilt als mutiger, tapferer, rationaler, realistischer, außerdem als entscheidungsstark und kontrolliert, als unordentlich, aber zuverlässig. Frauen gelten als: behutsam, anspruchsvoll, charmant, friedlich, gefühlsbetont und rücksichtsvoll nachgiebig. Weitere Attribute wären, dass sie als sensibel, umgänglich passiv, mütterlich, kokett, launisch, redselig und sicherheitsbedürftig wahrgenommen werden (vgl. Kasten, 1996, S 239 - 245). Als wichtig hinsichtlich einer eventuellen Bevorzugung eines männlichen Supervisors wird ergänzt, dass Männer selbstsicherer und überzeugter auftreten, sich besser in Szene setzen, sicherer und kompetenter wirken und dabei mehr riskieren (vgl. Bischof-Köhler, 2006, S. 11).

Geschlechtsstereotypen entwickeln sich schon sehr früh in der Kindheit und werden daher meist - zumindest im ersten Augenblick - unbewusst eingesetzt (vgl. Nestvogel, 2010, S. 171). Es herrscht jedoch die Annahme vor: „Geschlechtsstereotypisierungen können durch eine differenzierte Betrachtung, sprich „Kontextualisierung" ihrer Bedeutung in ihrer Absolutheit relativiert werden". (Stöber, 2006, S. 92)

Allgemein kann davon ausgegangen werden, dass in den letzten Jahrzehnten eine Angleichung der Geschlechterstereotype stattgefunden hat (vgl. Kasten, 1996, S. 67), wobei: „Immer noch versuchen Frauen, es den Männern gleich zu tun, wohl ein Effekt der Höherbewertung von Männlichkeit". (Bischof-Köhler, 2006, S. 11) Hier ist interessehalber nach noch anzuführen, dass sich diese Gegebenheit eher so darstellt, dass es einen größeren Abweichungsspielraum für Mädchen in Richtung männlicher Verhaltensweisen gibt als umgekehrt (vgl. Metz-Göckel, 2000, S. 39).

Besonders in den letzten Jahren gibt es eine deutliche Angleichung von Frau und Mann und der Bedeutung von Geschlechterunterschieden (vgl. Kasten, 1996, S. 239), auch wenn hierbei Geschlechtsstereotypen in hohem Maße als änderungsresident beschrieben werden (vgl. Nestvogel, 2010, S. 171). Schlussendlich sei aber gesagt, dass angeborene Dispositionen unser Verhalten nicht festlegen, was bedeutet, dass wir alles lernen können auch wenn es nicht unserer Veranlagung entspricht (vgl. Bischof-Köhler, 2006, S. 40). Dafür spricht: „[...], dass wir Menschen Kulturwesen sind, die zur Selbstreflexivität fähig sind und damit unser Verhalten reflektieren und verändern können". (Abdul-Hussain, 2012, S. 27) Eine Veränderung bzw. ein Wandel der Geschlechterverhältnisse würde bezugnehmend auf den Gedanken der Androgynität wohl bedeuten, dass es eine Aufhebung fixierter binärer Geschlechtergrenzen gibt und Weiblichkeit wie auch Männlichkeit in einer Person vereint existiert und an Konturen verliert (vgl. Bock, 2010, S. 103).

Allgemein wäre ein wünschenswertes Ergebnis:

> Das Rollenbild des Individuums wird geprägt durch das Spüren und Wissen eigener Bedürfnisse und deren Umsetzung. Geglückt ist der Prozess der Entwicklung einer eigenständigen Persönlichkeit, welche in der Lage ist eigene Gedanken, Werte und Möglichkeiten zu entwickeln, trotz Erwartungen und Anpassungsdruck der Gesellschaft. (Brandlmayr, 2009, S. 9).

2.5.1. Zur Frau

Wohl scheint: „Vieles an der Geschichte der Frau ist nur von Männern gemacht". (Erger & Molling, 1991, S.10) Fakt ist auch: „Frauen sind noch immer nicht, trotz vieler politischer Bemühungen gesellschaftlich sowie beruflich gleichgestellt". (Kasten, 1996, S. 227) Frauen haben schwerer Zugang zu besser bezahlten männerdominierten Berufsgruppen und verdienen deutlich weniger als Männer (vgl. Klinser, 2000, S. 65), was heißt: „Berufe die primär „Frauen ausüben" werden einkommensmäßig niedriger bewertet, als männerdominierte Berufe." (ebd.) So gilt, dass Frauen bei gleicher Qualifikation nach wie vor niedrigere Berufspositionen, weniger Einkommen, größere Schwierigkeiten bei Beförderungen und beruflichen Aufstieg vorfinden (vgl. Kovacic, 2002, S. 1). Was auch zu Folge haben könnte: „Frauen beschreiben sich [...] eher den üblichen Stereotypen entsprechend und entwerfen, trotz gleicher Leistung und Intelligenz, ein weniger positives Selbstbild von sich als Männer. [...]. Der Blick auf Frauen ist schärfer und gnadenloser, sowohl von Frauen als auch von Männern". (Klinser, 2000, S. 67f)

Abgesehen vom Arbeitsprozess übernehmen Frauen immer schon die Erziehungsaufgaben, wobei die Dominanz der Frau während der familiären Sozialisation gewichtig ist (Erger & Molling, 1991, S. 36). Durch die Erziehungsaufgabe ergibt es sich meist, dass Frauen erst ab einem Alter von 50 Jahren eine Rollenumkehr erleben bzw. eine „Geschlechterrollenreise" beginnen, wobei Frauen ab dem vierzigsten Lebensjahr neue Lebensaufgaben finden und ihr Selbstbewusstsein wächst, ergibt sich bei Männern, dass diese auch andere Werte als Leistung und Erfolg entdecken (vgl. Kasten, 1996, S. 199).

2.5.2. Ein Bild von einem Mann

„Während Frauen mit Doppel- und Mehrfachbelastungen konfrontiert sind, hat sich „die gesellschaftlich gültige Definition der männlichen Rolle" kaum gewandelt". (Morgenroth & Negt, 1999, S. 50; zit. n. Klinser, 2000, S. 65) Erste wissenschaftliche und publizierte Überlegungen von Männlichkeit sind auf Sigmund Freud zurückzuführen (vgl. Abdul-Hussain, 2012, S. 114). In den 1970er Jahren bekommt die Auseinandersetzung mit Männlichkeit durch die feministische Frauenbewegung und die lesbisch schwule Bewegung eine neue Wendung". (ebd.) Der Mann definiert sich jedoch mehrheitlich immer noch als überlegen. Er sieht sich psychisch, geistig und physisch besser ausgestattet und präsentiert sich als geeignet für Führungspositionen (vgl. Erger & Molling, 1991, S. 34). Ihm wird in etwaigen Gruppen schnell die Leitung zugetragen, wobei Frauen meist Positionen wie jene der Protokollantin übernehmen (vgl. Baur & Marti, 2000, S. 30). Gerade auch hinsichtlich der Profession eines Supervisors scheint interessant, dass Männer meist von ihrer Problemlösefähigkeit überzeugt sind (vgl. Stäudel, 1992, S. 283).

Daraus könnte man schließen: „Individuen sind es gewohnt, einen männlichen Vorgesetzten zun haben und sehen es als selbstverständlich an, dass hauptsächlich Männer Machtpositionen bekleiden. [...]. Der Prototyp eines guten Managers ist männlich". (Abdul-Hussain, 2012, S. 121) Damit im Zusammenhang ist wissenswert: „[…], dass traditionell „weibliche Tätigkeiten", ausgeübt von einem Mann, sehr an Ansehen gewinnen". (Klinser, 2000, S. 67) Grundsätzlich wird verlangt, dass „gestandene Männer" andere Eigenschaften zeigen, die mit jenen der weiblichen im Gegensatz stehen (vgl. Erger & Molling, 1991, S. 25).

Als wichtige Merkmale der männlichen Identität gelten das Entwickeln von Distanz und Autonomie (vgl. Kasten, 1996, S. 115). Männer sind autoritärer und dominanter (vgl. Kasten, 1996, S. 227) und haben nachgewiesenermaßen mehr Spaß an Konkurrenzsituationen. Aus Untersuchungen lässt sich herauslesen, dass Männer eine bessere Raumvorstellung besitzen, wobei Frauen als sprachlich begabter gelten.

Schlussendlich wird das Konzept der „hegemonialen Männlichkeit" angerissen, nicht zuletzt, weil dieses Theoriemodell von Robert Connell (2006) als ein herauszuhebendes Konzept der kulturellen Form zu sehen ist (vgl. Abdul-Hussain, 2012, S. 114f). Es sei gesagt: „Connell versteht das soziale Geschlecht als „eine Art und Weise, in der soziale Praxis geordnet ist. […]. Connell bringt somit Geschlechtlichkeit vor allem mit gelebter Praxis und gesellschaftlichen Ordnungsprozessen von menschlichem Leben in Verbindung. Hegemoniale Männlichkeit bezeichnet somit das zu einer bestimmten Zeit kulturell maßgebliche Deutungsmuster von Männlichkeit zur Legitimation der gesellschaftlichen Machtstellung von Männern". (Abdul-Hussain, 2012, S. 115f)

2.6. Männer und Frauen im Supervisionsprozess

Zu Beginn sei formuliert: „Jeder Supervisand und jede Supervisandin bringt in ihrer Lebens- und Berufsgeschichte das eigene geschlechtsspezifische Rollenbild mit, aber auch die eigene Interpretation des anderen Geschlechts". (Erger und Molling, 1991, S. 136)

Das Thema „Geschlecht" bzw. „Mann/Frau" scheint mit einer gewissen Scheu behaftet zu sein und wird in Supervisionsprozessen weitgehend vermieden oder sogar nivelliert (vgl. Conen, 1993, S. 207). Aber, ob wir als Mann oder Frau es wahrhaben wollen oder nicht, die Geschlechtszugehörigkeit prägt den Supervisionsprozess. Unterschiedliches Erleben von Supervision hinsichtlich dieser Geschlechtszugehörigkeit ist ebenso Gegenstand wie der Moment, dass sich das Aussteigen von Rollenbildern sowohl für Supervisandinnen als auch für Supervisanden äußerst schwer gestaltet (vgl. Erger & Molling, 1991, S. 135f).

So haben wir als Mann oder Frau unterschiedliche Bewältigungsformen bei Problemstellungen (vgl. Kasten, 1996, S. 200), was unter anderem zu Konflikten zwischen Männern und Frauen im Arbeitsprozess führen kann. Diese Gegebenheit zeichnet sich unter anderem wohl verantwortlich dafür: „Aktuell ist eine Zunahme der Frage nach Kompetenz des Supervisors beziehungsweise der Supervisorin im Bereich Geschlechterdifferenz zu verzeichnen". (Bargehr & Marth, 2000, S. 72)

Da es in dieser Masterthesis vorrangig um das „Supervisionsverhalten" der Frau und im Speziellen der Frau im sozialen Arbeitsbereich geht, werden die theoretischen Erkenntnisse vorangestellt. Für Frauen zählt, dass diese bereitwilliger als Männer professionelle Hilfe seitens einer Beratung akzeptieren (vgl. Kasten, 1196, S. 170).

Frauen nehmen eher die Gleichheit der Gruppe mit ihren Kolleginnen wahr, während Männer sich meist als sehr individuell empfinden (vgl. Baur & Marti, 2000, S. 33 - 35). So betonen Frauen ihre Bereitschaft, sich auf Gruppen einzulassen und über ihre Gefühle reden zu können. Sie hinterfragen vermehrt sich selbst und ihre Sichtweisen, gestehen Fehler ein und bringen Zweifel an ihrem Arbeitsverhalten ein, wobei sie schwerpunktmäßig eher die Fehler, Schwierigkeiten und Probleme thematisieren und ihre Stärken, ihre Kompetenzen sowie Ressourcen außer Acht lassen (vgl. Conen, 1993, S. 208 - 214). Zusätzlich ist es von

Bedeutung, dass Frauen stark mit Praxisbezug lernen wollen. Darum ist es wichtig, dass ihnen der Nutzen von Modellen, Theorien und Techniken für den Beruf oder den persönlichen Bereich klar aufgezeigt wird". (vgl. Baur & Marti, 2000, S. 41 - 43) Weiters zählt: „Den Frauen geht es darum, in einer Supervision Anerkennung und neue Sichtweisen für ihre Arbeit mit Klienten zu erhalten. [...]. Um in einer Supervisionsgruppe über ihre Probleme und Blockaden zu sprechen, benötigen sie eine vertrauensvolle und eine von Akzeptanz geprägte Atmosphäre in der Gruppe". (Conen, 1993, S. 211) Frauen wünschen sich als Ergebnis der Supervision mehr Gelassenheit im Umgang mit Klienten und Kollegen. Zusätzlich stehen die berufliche Weiterentwicklung verbunden mit persönlicher Entfaltung, sowie die Stärkung ihres Selbstbewusstseins durch das Erkennen der eigenen Kompetenzen und die Erweiterung ihrer Professionalität im Vordergrund (vgl. Conen, 1993, S. 212). Weibliche Supervisandinnen können in der Supervision die eigenen Sichtweisen nur schwer vermitteln. Sie haben auch in der Supervision Probleme, ihre Kompetenzen und Stärken zu erkennen und zu ihnen zu stehen (vgl. Conen, 1993, S. 215).

Supervisandinnen verhalten sich eher klienten- und handlungsbezogen, beziehungsklug sowie partnerschaftlich, während sich Supervisanden eher situations-, konkurrenz-, ideologiebezogen und beziehungsblockierend zeigen (vgl. Belardi, 1998, S. 38ff).

Es entspricht der Gegebenheit, dass Supervisandinnen weniger Macht zugesprochen wird als Supervisanden und dass gleichgeschlechtliche Dyaden aufgrund der gemeinsamen Sozialisation erfolgreicher sind als gemischtgeschlechtliche Dyaden. Auch entspricht es der Realität, dass Supervisandinnen weniger oft nach Feedback zur Supervisionssitzung gefragt werden als Supervisanden (vgl. Abdul-Hussain, 2012, S. 84). Ebenfalls interessant gestaltet sich: „Darüber hinaus bekommen Supervisanden, die länger als ein Jahr in Supervision sind, weniger Meinungen und Vorschläge von ihren Supervisorinnen als jene, die weniger als sechs Monate Supervision in Anspruch nehmen. Bei Supervisandinnen zeigt sich das umgekehrte Bild: Jene, die länger als ein Jahr die Supervision nutzen, bekommen wesentlich mehr Vorschläge und Meinungen unterbreitet als jene, die weniger als sechs Monate in Supervision sind". (ebd.)

Für Männer in Gruppen bzw. Supervisionsprozessen gilt, dass sich in kürzester Zeit eine Rangordnung bildet, die über einen längeren Zeitraum hält und sich somit das Zusammenleben relativ konfliktfrei gestalten lässt (vgl. Bischof-Köhler, 2006, S. 275 - 284). Männer gelten als eher zurückhaltend, wobei wiederum gilt, dass sie mehr Redeanteil als ihre weiblichen Kolleginnen haben, sich gefühlsmäßig zurückhalten, rationaler verhalten und überwiegend an sachlichen Argumenten sowie an Ergebnissen interessiert sind (vgl. Conen, 1993, S. 208 - 210). Wie schon bei den weiblichen Supervisandinnen angeführt ist es auch hier der Fall, dass männliche Dyaden aufgabenorientierter arbeiten als weibliche oder gemischtgeschlechtliche (vgl. Abdul-Hussain, 2012, S. 84).

Männer gehen gerne in Konkurrenz mit anderen Männern, aber auch mit dem Supervisor (vgl. Conen, 1993, S. 212f). Dies geschieht im Besonderen auch gegenüber Frauen, die eine höhere Position als sie selbst einnehmen (vgl. Baur & Marti, 2000, S. 13), wie das oftmals in Bezug auf eine Supervisorin wahrgenommen wird. Männer beschreiben ein Problem mit Autorität. Sie wollen einen fachlich kompetenten, klar strukturierten und zielorientierten Supervisor, der sich durch Empathie, Vorsicht und Humor auszeichnet. Aus der Studie von Marie-Luise Conen geht hervor, dass für Männer in der Supervision die Beziehungen in der Gruppe und zum Supervisor an erster Stelle stehen. Verständnis, Offenheit, Solidarität, gegenseitige Unterstützung, Rückhalt und Bestätigung, Sicherheit und Stabilisierung sind ihnen wichtig. Männer im Allgemeinen werden in Supervisionsgruppen als gute Zuhörer geschätzt und ihr sachliches Argumentieren und das Anstreben von Lösungen werden als gewinnbringend dargestellt (vgl. Conen, 1993, S. 212f). Auch zeigt sich: „Supervisanden zeigen mehr Humor und unterbrechen die Supervisorin öfter als Supervisandinnen es tun". (Petzold & Schigl, 2003, S. 142; zit. n. Abdul-Hussain, 2012, S. 84)

Da der Supervisionsprozess auch als Lernprozess zu verstehen ist, wird im Folgenden auf das Lernverhalten von Männern und im Speziellen von Frauen eingegangen. Bezugnehmend darauf ist zu bemerken, dass sich grundsätzlich keine außerordentlichen Unterschiede ergeben. Tatsache ist, dass Frauen sich stärker in Beziehung orientieren, sie suchen die Zusammenarbeit mit Partnern und Partnerinnen oder Kleingruppen, schätzen den Wert gemeinsamer Lernprozesse und der Praxisbezug ist ihnen sehr wichtig. Frauen wie auch Männer schlagen in Lernsituationen für das Leiten von Gruppen meist Männer vor. Falls

Frauen solch eine Leitungsfunktion übernehmen, sind diese beruflich besonders gut qualifiziert. Reine Frauengruppen bieten für Frauen mehr Chancen sich zu entwickeln, ihre Erfahrungen auszutauschen, da geschlechtlich gemischte Gruppen oft von Männerthemen bestimmt werden und Männer auch einen großen Redeanteil in Gruppen beanspruchen (vgl. Baur & Marti, 2000, S. 23 - 28).

2.6.1. Frauenthemen in der Supervision

Interessant gestaltet sich ist Frage, ob es spezielle Frauenthemen in der Beratung gibt. Als allgemeine Themen von weiblichem Klientel werden beispielsweise räumlicher Wechsel sprich Umzug, sexuelle Orientierung, Loslösung vom Partner, Organisation des Lebens bzw. des Arbeitslebens im Zusammenspiel mit der Erziehung von Kindern angeführt (vgl. Koch, 2004, S. 184). Speziell in Frauenberatungseinrichtungen werden Aspekte wie Gesundheit, Familie, Partnerschaftskonflikte, Kinder, Erziehungsfragen, Gewalt an Frauen, Sucht und Abhängigkeit, Fragen zu Schwangerschaft und Geburt, berufliche Orientierung, Arbeitslosigkeit, Wiedereinstieg in den Arbeitsprozess oder Mobbing behandelt (vgl. Brandlmayr, 2009, S. 23).

Einige dieser eben genannten Themen und vor allem jene, die sich auf den Arbeitsbereich beziehen bzw. diesen beeinflussen gelten jedenfalls als Bereiche, die es in Supervisionsprozessen zu behandeln gilt. Ein weiteres gegenwärtiges Frauenthema, auch um am Arbeitsmarkt bestehen zu können, stellt die Selbstpräsentation dar (vgl. Stöber, 2006, S. 97f). Zusammenfassend gilt: „Für Supervision und Coaching ergeben sich […] vielfältige Themen rund um Karriereverläufe, Umgang mit Betreuungspflichten, Stundenverteilung, Gehaltsunterschiede und vieles mehr". (Abdul-Hussain, 2012, S. 14)

Interessant gestaltet sich auch die Gegebenheit, dass Frauen - vor allem im sozialen Arbeitsfeld - zunehmend Führungspositionen innehaben, was eine Erweiterung von supervisionsadäquaten Fragestellungen, die es zu reflektieren gilt, mit sich bringt. So ergeben sich Themen wie die bereits angeführte Vereinbarkeit von Beruf und Familie, die Gleichberechtigung am Arbeitsplatz als auch im Privatbereich und im Speziellen die Reflexion von Leitungsposition und dem damit verbundenen geschlechtsspezifischen

Konkurrenzdenken (vgl. Haindl, 2004, S. 1 - 5, Teil 3). Besonders das Thema der Gleichberechtigung und der Akzeptanz von weiblichen Vorstellungen zeigt sich als sehr präsent (vgl. Conen, 1993, S. 207). Fakt ist, das Konkurrenzverhalten zwischen Frauen und männlichen Kollegen wie auch das Konkurrenzverhalten zwischen gleichgeschlechtlichen Kolleginnen ist als wichtiger Themenbereich für die Supervision anzugeben (vgl. Stöber, 2006, S. 99f).

Abgesehen von den gerade angeführten Frauenthemen lässt sich ergänzen: „Ziel einer Beratung von Frau [...] ist die Entwicklung ihrer fachlichen, sozialen, persönlichen und methodischen Kompetenz mit dem Ziel, ihre Souveränität, Selbstsicherheit und Authentizität im beruflichen Alltag zu stärken". (DEHOGA, 2010, www.cbg-gmbh.com)

2.7. Kommunikation zwischen Männer und Frauen

Uns allen ist wohl die Aussage nach Watzlawick (1969) bekannt: „Man kann nicht nicht kommunizieren". (Watzlawick, 1996, S. 53) Als überlegenswert präsentiert sich die Annahme: „Zwischenmenschliche Kommunikationsabläufe sind entweder symmetrisch (gleichwertig) oder komplementär (ergänzend), je nachdem ob die Beziehung zwischen den Partnern auf Gleichheit oder Unterschiedlichkeit beruht". (ebd.) Danach gilt: „In jeder sprachlichen und körpersprachlichen Kommunikation und Interaktion wird ein Bezug zueinander, die Beziehung zueinander zum Ausdruck gebracht, repräsentiert oder auch aus verhandelt. Es können symmetrische, aber auch asymmetrische Beziehungen zum Ausdruck gebracht werden, also von Gleichwertigkeit oder von Hierarchie geprägt". (Abdul-Hussain, 2012, S. 41) Es gestaltet sich schwer durch hierarchisch angelegte Strukturen aus einer asymmetrischen Beziehung zwischen Mann und Frau eine symmetrische herzustellen (vgl. Abdul-Suru, 2012, S. 42), denn: „Männer wollen Altes nicht aufgeben". (Erger & Molling, 1991, S. 24f) Die Sprache, die wir sprechen ist als männlich zu deklarieren (vgl. ebd.), so zählt überwiegend: „Frauen und Männer verwenden tendenziell verschiedene Sprachstile und verhalten sich in Interaktion unterschiedlich". (Baur & Marti, 2000, S. 26)

Gerade aus dieser Überlegung heraus wird die Kommunikation zwischen Männern und Frauen kurz beleuchtet, denn: „Vieles wäre leichter im Dialog der Geschlechter, wenn es eine gemeinsame Sprache gäbe und nicht nur eine männliche". (Erger & Molling, 1991, S. 24) Der Bereich Kommunikation zwischen Mann und Frau ist gut erforscht und sagt uns:

> Männer und Frauen nehmen die Ausgewogenheit zwischen den Verhandlungspartnern unterschiedlich wahr. Für Frauen und Männer scheint Kommunikation in einem unterschiedlichen Rahmen stattzufinden. Während Männer Gespräche in einer Hierarchie von Oben und Unten erleben, achten Frauen stärker auf verbindende und kooperative Signale. Sie verstehen Gespräche und Diskussionen stärker als Miteinander, während Männer eher auf Unterschiede und Anzeichen eines Gegeneinander achten. (Haindl, 2004, S. 5, Teil 5)

Was zeigt: „Männliche Kommunikation zeichnet sich durch Machtstreben und Dominanzverhalten aus". (Kovacic, 2002, S. 1) Im Gegensatz dazu steht: „Das kommunikative Verhalten von Frauen zeigt deutlich mehr Unterwerfungsrituale: Sie sind in Gesprächen weniger aggressiv, reden weniger, werden häufig unterbrochen, können selten Themen durchsetzen, beginnen ihre Redebeiträge häufig mit Fragen [...] unterstützen Männer häufig verbal". (Kovacic, 2002, S.1) Somit scheint: „Männer haben [...] einen höheren Status und stehen in der Hierarchie in dominanterer Position; ihrem Tun wird generell mehr Wert und Gewicht beigemessen. [...]. Frauen wird insgesamt eine höhere soziale Kompetenz zugeschrieben, den Männern wiederum Durchsetzungsfähigkeit, direkte Ausdrucksweise und Sachbezogenheit". (Haindl, 2004, S. 7, Teil 5) Diese Aussage wird auch von Baur & Marti unterstrichen. Frauen suchen Kooperation und orientieren sich an Beziehungen, während Männer die Konkurrenz suchen und sich selbst in den Mittelpunkt rücken. Als eine Veranschaulichung in Bezug auf Kursleitern bzw. Kursleiterinnen wäre zu nennen, dass beispielsweise Kursleiterinnen eher partnerschaftliche Beziehungen zu den Teilnehmern und Teilnehmerinnen herstellen, wobei Kursleiter eher ihre Fachkompetenz und ihre Funktion präsentieren (vgl. Baur & Marti, 2000, S. 26f). Des Weiteren: „Frauen artikulieren deutlich häufiger Gefühle (Ärger, Freude, Ambivalenz, und so weiter.) als Männer, die ihrerseits einen eher sachlichen, gefühlsunabhängigen Kommunikationsstil pflegen. Außerdem tendieren Männer stärker zu durchsetzungsorientierten und Frauen zu ausgleichsorientierten Konfliktlösungsverhalten (vgl. Haindl, 2004, S. 4, Teil5).

Bezugnehmend auf das Geschlecht der Frauen, gelten diese als gute Zuhörerinnen, können sich ausgezeichnet auf ihr Gegenüber einstellen und fragen nach. Sie sind gerne dabei behilflich Missverständnisse zu klären, gelten als Beziehungsspezialistinnen und versuchen Gesprächsverläufe nonverbal aufrecht zu erhalten. Männer werden dem gegenüber als Aufgabenspezialisten aktiv, gelten als Macher, sind präsenter in der Definition der Gesprächsthemen, steuern und strukturieren stark, wobei sie dabei weniger auf ihre Gesprächspartnerinnen achten (vgl. Haindl, 2004, S. 5, Teil 5; vgl. Baur & Marti, 2000, S. 26 - 30). Frauen lachen häufiger, vor allem über sich selbst, während Männer seltener lachen und dies vorrangig über die Schwächen anderer tun. Interessant scheint auch, dass Zuhörerinnen wie auch Zuhörer - unabhängig vom Thema - einem männlichen Vortragenden mehr Gehör schenken als weiblichen (vgl. Baur & Marti, 2000, S. 27).

Die grundsätzlich unterschiedliche Kommunikation zwischen Mann und Frau könnte für diese Annahme genauso verantwortlich gemacht werden. **Präverbale Aspekte** wie Tonfall, Melodie, Stimmlage, Zögern und Pausen sowie das **äußere Erscheinungsbild** wie Kleidung, Schmuck, Haare, Bewegung, Körperhaltung, Berührung, Gesten, Blickverhalten, Mimik, Körpergröße und Abwehrgebärden, oder **räumliche Faktoren** wie Raumgestaltung, Revierverhalten, Distanz zwischen Beteiligten, Sitzordnung, Gestaltung von Räumlichkeiten, können zum Tragen kommen. Auch verschiedene Verhaltensregeln und Umgangsformen können sowohl bewusst als auch unbewusst die Wahl hinsichtlich eines Supervisors oder einer Supervisorin beeinflussen (vgl. Haindl, 2004, S. 11, Teil 5).

Demnach folgend muss angemerkt werden: „Diese verbalen Kommunikationsstrukturen werden durch nonverbale geschlechtsspezifische Interaktionen verstärkt". (Kovacic, 2002, S. 2) So wird als größter Unterschiede in der Kommunikation zwischen Mann und Frau die Körpersprache angeführt (vgl. Haindl, 2004, S. 10, Teil 6), was heißen soll: „Vor allem die Körpersprache übermittelt zuverlässig vielfältigste Information wie z.B. Gefühle und Einstellungen über das eigene Selbstbild und das Verhältnis zum anderen Menschen, über soziale Rollen und den geschlechtlichen Status einer Person". (Mühlen-Achs, 2003, S. 16) Demnach drücken sich Frauen mehr durch ihre Mimik aus und Männer bevorzugen sich mit ausholender Gestik viel Raum zu nehmen (vgl. Baur & Marti, 200, S. 28). Bezüglich einer zweigeschlechtlichen Annahme sei erwähnt: „Männer präsentieren in ihrer nonverbalen

Kommunikation und Körpergestik Dominanzgebärden, die Machtstreben und Kontrolle ausdrücken. Das weibliche Sprachverhalten präsentiert sich indem es abschwächend und höflich bleibt, bescheiden sowie unauffällig und gesteht so den Gesprächserfolg den Männern zu. Brechen Frauen aus den für ihre Rolle gewohnten Gesprächsverhalten aus, kann das zu Konflikten zwischen Mann und Frau führen". (Kovacic, 2002, S. 2)

2.8. Was ist Gender?

Wenn es - wie in dieser Arbeit bereits geschehen - um geschlechtsspezifische Rollenbeschreibungen und um Rollenerwartungen und Rollenverhalten geht, gilt es auch die Begrifflichkeit von „Gender" anzuführen und zu definieren. In der Literatur wird „Gender" häufig als ein sehr junges, als ein „In-Thema" beschrieben, dass durch den Gegenstand des „Gendermainstream" immer mehr an Aktualität gewinnt (vgl. Abdul-Hussain, S. 9).

„Sex" beschreibt das biologische Geschlecht, welches durch Anatomie, Morphologie, Psychologie, Hormone und Gene bestimmt ist, wobei „Gender" als das soziale und kulturelle Geschlecht angesehen wird, welches im Laufe der Lebenszeit durch Sozialisation erworben wird (vgl. Hamann, 2003, S. 1; Haindl, 2004, S. 2f, Teil 1) und somit etwas Prozesshaftes und Veränderbares ist (vgl. Haindl, 2004, S. 3, Teil 1). Was heißt: „Gender - im Gegensatz zu sex als dem biologischen Geschlecht - meint die soziale Konstruktion von Geschlecht". (Stöber, 2006, S. 90) Genauer beschrieben: „Gender bedeutet soziale und kulturelle Geschlechterrolle. [...] Es geht um die Geschlechter und die Verhältnisse zwischen ihnen. [...] Die biologischen Geschlechterdifferenzen werden nicht als Legitimation für gesellschaftliche Differenzen zwischen den Geschlechtern akzeptiert". (Koch, 2004, S. 186) Zum allgemeinen Verständnis sei gesagt: „Im Zusammenhang mit geschlechtssymmetrischen Gesellschaften wird Gleichheit als eine gleichheitliche Verteilung von Macht und sozialen Chancen zwischen den erwachsenen Mitgliedern einer Gesellschaft verstanden und nicht in dem Sinne fehlender Differenzierung, dass es also keinen Unterschied zwischen den Geschlechtern gebe". (Lenz, 2010, S. 31) So zählt weiterführend: „Das Ziel von Gender ist es, in alle Entscheidungsprozesse die Perspektive des Geschlechterverhältnisses einzubeziehen und alle Entscheidungsprozesse für die Gleichstellung der Geschlechter nutzbar zu machen." (Koch, 2004, S. 185) Wichtig dabei ist: „Insbesondere die Supervision als ein Instrument der

Weiterentwicklung, Professionalisierung, der (Auf)Klärung und der konstruktiven Irritation ist hier geradezu prädestiniert, ihren politischen Beitrag auf dem Weg zu mehr Geschlechterdemokratie und Weiterentwicklung in vielen Bereichen zu leisten". (Hamann, 2003, S. 2f)

Weitere Begrifflichkeiten, die mit dem Genderbegriff einhergehen sind beispielsweise jene der **„Gender Kompetenz"** bzw. der **„Genderperformance"** und des **„Doing Gender"**, wobei zu beschreiben ist:

> Genderkompetenz und -performance gründet auf einem sozialpsychologischen, biologisch, ethnomethologisch und diskurstheoretisch, machttheoretisch, rechtlich und politwissenschaftlich begründeten Genderbegriff und bedeutet, supervisorische und Coachingkompetenz und - performanz mit Genderkompetenz und -performance zu verknüpfen und Gender als einen zentralen Aspekt menschlichen Miteinanders zu verstehen. Genderkompetenz und -performance beschreibt die Fähigkeit und die Umsetzung der bewussten und theoriegeleiteten aktionalen Analyse und systematischen Reflexion von Praxissituationen, Strukturen, Denksystemen, Organisationen und Institutionen aus Genderperspektive, um daraus adäquates und genderorientiertes Handel zu entwickeln und bei der Umsetzung dieses Handelns Unterstützung zu bieten. (Abdul-Hussain, 2012, S. 56)

So beschreibt „Gender Kompetenz" im Grunde Supervision und Coaching auf Genderebene (vgl. ebd.). Im supervisorischen Kontext betrachtet ist zu sagen, dass für die Genderkompetenz einer Supervisorin bzw. eines Supervisors eine scharfen Beobachtung und ein Grundstock an Wissen über die Auseinandersetzung mit dem sozialen Geschlecht gefordert wird (vgl. Haindl, 2004, S. 10, Teil 1): „Die Schulung der Wahrnehmung ist deshalb die Voraussetzung zur Entwicklung von Genderkompetenz". (Baur & Marti, 2000, S. 3)

Das Ziel der genderkompetenten Supervision ist: „[...] die Optimierung zwischenmenschlicher Beziehung, indem die personale, soziale und fachliche Kompetenz und Performanz der SupervisandInnen und Coachees unterstützt werden". (Abdul-Hussain, 2012, S. 57) Hierbei scheint unumgänglich: „Genderkompetenz befähigt Menschen, in ihrem

Handlungsfeld die Genderperspektive einzunehmen und ein Instrumentarium zu entwickeln, das die Unterschiede zwischen Frauen und Männern berücksichtigt". (Haindl, 2004, S. 2, Teil 1) Wesentlich scheint: „Die Genderkompetenz von SupervisorInnen und Coachees wird dann ein Thema, wenn sie fehlt. […]. Besonders im Auswahlverfahren wird Genderkompetenz an einer gendersensiblen Sprache festgemacht". (Karlinger, 2010, S. 102; zit. n. Abdul-Hussain, S. 55)

Hinsichtlich des „Doing Gender" ist anzuführen, dass die Geschlechtszuschreibung als ein interaktiver, lebenslanger Prozess zu begreifen ist (vgl. Stöber, 2006, S. 90) und das „Doing Gender" die Umsetzung der Genderkompetenz im alltäglichen Umgang miteinander beschreibt (vgl. Abdul-Hussain, 2012, S. 35f). Denn: „Was sich zwischen den Geschlechtern abspielt, und woran wir alle mittun, Männer wie Frauen, sind hochkomplexe Wechselwirkungen, ist *doing gender*". (Baur & Marti, 2000, S. 4) Genauer betrachtet meint dies: „Mit dem Konzept des „Doing Gender" wird darauf abgezielt, Geschlecht und die Geschlechterzugehörigkeit nicht länger und in einem reduktiven Sinn als eine durch objektive Merkmale und „geschlechtsspezifische" Eigenschaften hinreichend bestimmte, einfache Gegebenheiten zu betrachten. Vielmehr dient das Konzept dazu, soziales Handeln und damit vor allem jene Prozesse in den Blick zu nehmen, in denen derartige Unterschiede erst entstehen". (Gildemeister & Robert, 2011, S. 95) Hier wäre grundlegend anzumerken: „SupervisorInnen müssen sich darüber klar sein, dass auch Supervision ein Ort ist, wo „Gender Doing", das Reproduzieren von „Zweigeschlechtlichkeit und Herstellen von Geschlechterdifferenzen" stattfindet". (Fellinger-Fritz, 2005, S. 22)

Bezüglich der bereits erwähnten Begrifflichkeit des **„Gender Mainstream"** ist dieser grundsätzlich eine rechtlich strukturelle Gleichstellung von Männern und Frauen im Arbeitsprozess wie auch in Ausbildung, Religion, Weltanschauung, sozialer Sicherheit, Dienstleistungen der Öffentlichkeit, Wahrnehmung der Würde, Zugang zu Gütern, et cetera (vgl. Abdul-Hussain, 2012, S. 45f). Eine genauere Beschreibung bezüglich der Bestimmungen der Europäischen Union wurde bereits im Kapitel *2.3. Die Geschichte der Geschlechter* gegeben.

So schreibt Barbara Hamann: „Unter Gender-Mainstreaming wird die generelle politische Strategie zur Realisierung von Geschlechtergerechtigkeit und Geschlechterdemokratie verstanden". (Hamann, 2003, S. 1)

2.8.1. Genderkompetenz in der Supervision

Zur Genderkompetenz in der Supervision ist zu bemerken: „Er [Harold Garfinkels] belegt mit seiner Studie, dass alle alltäglichen Handlungen und Interaktionen durch Geschlecht geprägt sind, wir also in jeder Situation unser und das Geschlecht aller anderen Personen wahrnehmen und dementsprechend gesellschaftlich angemessen agieren". (Abdul-Hussain, 2012, S. 34) Esther Baur und Madeleine Marti zeigen sich derselben Meinung und ergänzen: „Männer interagieren mit Männern anders als mit Frauen. Frauen interagieren mit Frauen anders als mit Männern. Erst wenn sich zwei Menschen besser kennen lernen, kann die Geschlechtszugehörigkeit in den Hintergrund treten, ohne dass sie jedoch verschwindet". (Baur & Marti, 2000, S. 12) Hierbei ist zu erwähnen, dass Supervisoren bzw. Supervisorinnen ihrer Profession und Ausbildung nach ein stärkeres reflektorisches Verhalten in Bezug auf ihr Geschlecht bzw. ihre Geschlechterrollen und ihr Wirken an den Tag legen bzw. legen sollten (vgl. Fellinger-Fritz, 2005, S. 22 - 26).

2.8.2. Grundgedanken für gendersensible Supervisoren

Vorweg ist erwähnt: „Supervision kann und soll ein Ort sein, an dem eine Sensibilität für die Beziehungen der Geschlechtsdifferenz, für das psychische Erleben, für soziales Verhalten und institutionelle Rollengestaltung entwickelt werden kann". (Stöber, 2006, S. 92)

Um eine gendersensible Supervision zu forcieren sollten ein praktisches sowie theoretisches Wissen in Bezug auf Sensibilität für Geschlechterfragen, Wahrnehmung geschlechtsspezifischer Kommunikationsmuster, geschlechtergerechter Sprache gegeben sein. Es ist darauf zu achten, dass die gewählten Interventionen und Methoden gendersensibel sind und auch die Rahmenbedingungen für die Supervision sollten die unterschiedlichen Lebensrealitäten berücksichtigen (Ort, Zeit, Frequenz,...), um so Chancengleichheit für Mann und Frau herzustellen und einen entsprechenden Supervisionsprozess zu gewährleisten (vgl. Fellinger-Fritz, 2005, S. 22f).

Abschließend sei zu vermerken, dass diese soeben genannten Aspekte implizieren, dass man sich als genderkompetenter Supervisor kontinuierlich mit Geschlechterfragen auseinandersetzten sollte und vorhandenes Wissen, getätigte Erfahrungen und eigenen Zugänge sowie die eigene Sozialisation reflektiert sollte (vgl. ebd.).

III. Das Feld der Sozialen Arbeit

3. Die Soziale Arbeit

Da sich diese Arbeit und die anschließend im *IV. Empirischen Teil* angeführte qualitative Untersuchung mittels Interviews ausschließlich auf Supervision im Kontext des sozialen Arbeitsfeldes bezieht, ist es angebracht dieses Feld etwas genauer zu definieren und dessen Wirkungsbereich zu betrachten.

Wie Werner Thole beschreibt, ist es gegenwärtig sehr schwer, das soziale Arbeitsfeld mit all seinen Verästlungen einzugrenzen bzw. zu identifizieren, besonders auch weil sich dieser Bereich ständig entwickelt und neue Angebote zu Tage fördert. Jedoch liegt der Kern der Aufgaben von sozialer Arbeit in Fürsorge- und Sozialleistungen in den Bereichen Kinder- und Jugendhilfe sowie Sozialhilfe. Als eine erste Möglichkeit einer Lokalisierung führt er vier - auch aus der Geschichte hervorgehende - Bereiche an, die da wären:

- **Erzieherischen Hilfe:** Hier führt er die Erziehung, Betreuung und Versorgung von Kindern und Jugendlichen an, die sich sowohl außerhalb als auch innerhalb der Herkunftsfamilie gestaltet.
- **Kindertageseinrichtungen:** Einrichtungen für Kinder als familienergänzende Maßnahme wie beispielsweise Kindergarten, Kindergrippe oder Kinderhort.
- **Soziale Dienste:** Dieser Bereich gestaltet sich als sehr umfangreich und findet sich historisch betrachtet in der Armen- und Gesundheitsvorsorge sowie der Altenhilfe wieder.
- **Kinder- und Jugendarbeit:** Hier wird die Entwicklung von einer verwahrlosungsbewahrenden Jugendpflege und der bevormundenden eingriffsorientierten Jugendfürsorge hin zu einer bildungsorientierte Jugendsozialarbeit hervorgehoben (vgl. Thole, 2002, S. 13 - 20).

Ähnlich bezeichnen Stephan Sting und Günter Zurhorst drei Säulen der Entstehungsgeschichte der sozialen Arbeit. Sie nennen neben der Armen- und Jugendfürsorge auch die „Gesundheitsfürsorge" als eine der drei Säulen in der Entstehungsgeschichte der modernen Sozialarbeit (vgl. Sting & Zurhorst, 2000, S. 8).

Michael Erler beschreibt ebenso wie Werner Thole, dass das Berufsfeld der sozialen Arbeit ein sehr weites ist. Seine Ausführungen in Bezug auf das soziale Arbeitsfeld und dessen Definition gehen ebenfalls mit Thole kongruent. Beide führen an, dass die Begrifflichkeit der Sozialarbeit und der Sozialpädagogik der Geschichte nach differenziert zu betrachten ist (vgl. Erler, 2010, S. 12f; vgl. Thole, 2002, S. 13f). Etwas allgemeiner gehalten gestaltet sich die Beschreibung von Maik Ruhau, welche lautet:

> Die Aufgaben- und Arbeitsfelder der sozialen Arbeit umspannen das gesamte Spektrum eines menschlichen Lebens. Bereits nach der Geburt greifen die ersten sozialen Sicherungssysteme des Staates […]. Ebenso ist neben der Kindheit auch die Jugend und später das Erwachsenenalter ein wichtiger Arbeitsbereich der sozialen Arbeit, wobei die Kinder und Jugendarbeit einen Hauptbereich der Sozialen Arbeit darstellen. (Ruhnau, 2009, S. 6)

Nach der Einteilung des sozialen Arbeitsfeldes dem Alter nach ist primär die Problematik des Klienten selbst anzuführen. Beispiele dafür wären, die Arbeit mit Migranten und psychisch Kranken sowie die Suchtprävention. Neben dem Menschen selbst stellt auch sein Lebensumfeld einen Teil der sozialen Arbeit dar. So sind die Betreuung von jungen Familien, die Beratung bei Partnerschaften sowie allgemein fast alle Bereiche des Lebens in denen es zu Problemen kommen kann zu nennen. Beispielsweise zählt unter anderem die Wiederherstellung der Erwerbstätigkeit als ein zentraler Punkt der heutigen Sozialarbeit (vgl. Ruhnau, 2009, S. 6f).

Grundsätzlich gibt es zwei Instanzen zu nennen, die die Aufgaben der Sozialen Arbeit organisieren. Dies sind einerseits die freien Trägerschaften und Institutionen, die weitgehend unabhängig von staatlichen Vorgaben und Aufgabenbeschreibungen agieren. Zum anderen finden wir Institutionen, mit denen der Staat seine soziale Verantwortung übernimmt (vgl. Thole, 2002, S. 20).

3.1. Männer und Frauen in der Sozialen Arbeit

Aus den bereits angeführten Überlegungen im Abschnitt *II. Was Mann und Frau betrifft* lassen sich vielfältige Erkenntnisse in den sozialen Arbeitsbereich übertragen. Grundsätzlich sind Frauen beruflich mehr im Sozialbereich und Männer mehr im naturwissenschaftlichen und technischen Berufen angesiedelt (vgl. Kasten, 1996, S. 228). Wie auch später noch im Kapitel *3.1.1. Statistik in Bezug auf Männer und Frauen im sozialen Arbeitsfeld* aufgezeigt wird, arbeiten im Normalfall mehr Frauen als Männer in Pflegeberufen oder in der Kleinkinderziehung, wobei wiederum mehr Männer als Frauen Ökonomie oder Informatik studieren (vgl. Haindl, 2004, S. 4, Teil 1). In diesem Zusammenhang sei erwähnt: „Die ökonomische und gesellschaftliche Anerkennung von sozialen Berufen steigt nicht, was vermutlich ein Grund dafür ist, dass sich in den letzten Jahren der Anteil der Männer, die ein Studium der sozialen Arbeit aufnehmen verringert, so dass sich tendenziell ein Verhältnis von 20% Männern und 80% Frauen in den Bachelorstudiengängen abzeichnet". (Ehlert, 2010, S. 53)

Dieser gerade geschilderte klar ersichtliche Mangel an männlichen Arbeitskräften im sozialen Arbeitsfeld lässt sich auch darauf beziehen, dass bei Männern die in diesem Bereich tätig sind deren Männlichkeit entsprechend gesellschaftlicher Männlichkeitsnormen angezweifelt wird. So würden diese als „unmännlich" beschrieben gelten (vgl. Krabel & Stuve, 2006, S. 8f). Ergänzend sei dem hinzugefügt: „Als ein Aspekt der Berufsmotivation bei Männern wird ein „defizitäres" Männerbild, eine Verleugnung der Macht- und Konkurrenzbestrebungen und ein Flüchten in die Sozialarbeit als Abstiegsbremse angeführt". (Erger & Molling, 1991, S. 47) So kann hier auf die bereits beschriebene hegemoniale Männlichkeitstheorie Bezug genommen werden, wobei diese demnach als nicht erfüllt scheint und hier ein verschwommenes und durch Unsicherheit geprägtes Männerbild zeichnet. Wobei hinsichtlich des sozialen Berufsfeldes zu bedenken ist: „Es gibt dort Arbeitsplätze und Positionen, die tradiertes Verhalten erlauben oder vermeintlich sogar erfordern, aber es gibt auch Bereiche, die das tradierte männliche Bild immer wieder angreifen und in Frage stellen". (Erger & Molling, 1991, S. 39)

Grundsätzlich ist gegeben, dass Männer in Frauenberufen wie beispielsweise der Krankenpflege, von ihren weiblichen Kollegen unter anderem ihren Ressourcen entsprechend voll akzeptiert werden, während Frauen in Männerberufen auf Distanz gehalten werden (vgl. Baur & Marti, 2000, S. 31). So werden Männer in Frauenberufen nicht als direkte Konkurrenz erlebt, sondern für den eventuellen Perspektivenzuwachs im Berufsalltag geschätzt. Sie bekommen die Zuschreibung durch Sachlichkeit und Kompetenz ein gute Führungsqualität zu besitzen (vgl. Heintz, 1997, S. 52) was oftmals mit sich bringt: „[…], dass viele Männer in sozialen und pflegerischen Berufen, […], eine Leiterposition innehaben". (Stöber, 2006, S. 91)

Was die Frau betrifft gilt die Annahme, dass diese den Bereich der sozialen Arbeit wählen: „Weil es der Tradition der Frau entspricht; weil sich anders wie in traditionellen Männerberufen Aufstiegsmöglichkeiten für sie anbieten. […] Für viele Frauen zeigt sich die berufliche Emanzipation nirgends deutlicher als im sozialen Berufsfeld". (Erger & Molling, 1991, S. 39 - 41) Es ergibt sich: „Frauen erfahren vorzugsweise in sozialen Berufen eine Wertschätzung von „weiblichen" Verhaltensweisen und Werten wie Verbundenheit, Fürsorglichkeit, Emotionalität und anderes mehr die in anderen Arbeitsfeldern derzeit noch wenig richtungweisende Werte darstellen". (Conen, 1993, S. 206).

Der Bereich der sozialen Arbeit bietet Frauen mitunter die Möglichkeit in Hinsicht auf den Arbeitsprozess eine höhere gesellschaftliche Anerkennung zu erlangen und wie bereits beschrieben zunehmend die Chance eine leitende Position auszuüben, was in anderen Berufssparten nur erschwert möglich ist (vgl. Conen, 1993, S. 206f).

Abschließend sei gesagt: „Das Wissen darum, dass gemischtgeschlechtliche Teams innovativer und leistungsfähiger sind, […] ist wissenschaftlich bewiesen". (Haindl, 2004, S. 4, Teil 4) Jedoch: „Gerade im sozialen Bereich wird ein androgynes Rollenverständnis gepflegt, um die Illusion sozialer Gleichheit aufrecht zu erhalten". (Erger & Molling, 1991, S. 95) Weiters ist zu beachten: „Im Alltag scheinen die Geschlechterrollen nivelliert, die Lebensstile von Männern und Frauen pluralisiert". (Böhmisch & Funk, 2002, S. 43) Wenn man aber genauer hinsieht stellt man fest, dass dies in vielen Bereichen jedoch nicht als Norm angenommen werden kann (vgl. ebd.). Ebenso wird im Zuge dessen darauf hingewiesen, dass es nicht mehr nur um stereotype Annahmen - wie beispielsweise jene der Mütterlichkeit und Fürsorge - die für die Arbeit in Sozialberufen als Vorteil angenommen werden, geht. Es wird ein Wandel angenommen, wobei vielmehr die professionelle Arbeit und das professionelle Handeln, sowie das Wissen und Können der handelnden Personen im Vordergrund steht (vgl. Ehlert, 2010, S. 53 - 55).

3.1.1. Statistiken in Bezug auf Männer und Frauen im sozialen Arbeitsfeld

In diesem Kapitel wird ein allgemeiner Überblick in Bezug auf die Beschäftigungszahlen von Frauen und Männern gegeben.

Ausgehend von einer Listung der Kammer für Arbeit und Wirtschaft in Bezug auf die Wirtschaftsklassenstatistik des Jahresdurchschnittes 2010 des Hauptverbandes der Österreichischen Sozialversicherungsträger mit den Daten für die Steiermark und für Österreich wurden mit 13.02.2012 folgende Daten zu Verfügung gestellt. Anzumerken wäre, dass die Zählung der Beschäftigten nach Wirtschaftsklassen ohne Rücksicht auf den tatsächlich ausgeübten Beruf erfolgt, sondern nur nach der Zugehörigkeit des Betriebes zu einer Wirtschaftsklasse. Die Wirtschaftsklassenstatistiken sind auf Basis der Daten des Unternehmensregisters der *Statistik Austria* (ÖNACE 2008) gegliedert.

In Bezug auf die Steiermark sind in Heimen (ohne Erholungs- und Ferienheime) 662 Männer und 3.438 Frauen tätig. Im Sozialwesen (ohne Heime) sind 2.785 Männer und 8885 Frauen tätig. Im Gesundheitswesen sind es 2.907 Männer und 11.328 Frauen.

Österreichweit belaufen sich die Beschäftigungszahlen in Heimen (ohne Erholungs- und Ferienheime) auf 6.581 Männer und 24.169 Frauen. Im Sozialwesen (ohne Heime) auf 20.222 Männer und 57.409 Frauen und im Gesundheitswesen auf 28.500 Männer und 97.113 Frauen.

Ergänzend dazu wird eine Erhebung der Statistik Austria angeführt. Darin werden Erwerbstätige (internationale Definition) in der Steiermark nach ISCO 88 Berufsklassifikation Mikrozensus-Arbeitskräfteerhebung, Jahresdurchschnitt 2010, dargestellt. Auch hier werden wiederum einige Berufsfelder, gegliedert nach darin tätigen Männern und Frauen genannt. Unter den berufstätigen Psychologen werden 189 Männer und 1549 Frauen angeführt. In Hinsicht auf sozialpflegerische Berufe werden 1548 und 2039 Frauen genannt. In der

Kinderbetreuung sind Null Männer und 5471 Frauen tätig. Weiters gibt es 428 Diplomsozialarbeiter und 744 Diplomsozialarbeiterinnen.

In Bezug auf den österreichischen Durchschnitt belaufen sich in dieser Erhebung des Jahres 2010 Psychologen auf 1982 und bei Psychologinnen auf 7686 Berufstätige. Bei den sozialpflegerischen Berufen werden 8637 Männer und 16384 Frauen angeführt. In der Kinderbetreuung gibt es 1158 Männer und 26155 Frauen. Bei den Sozialarbeitern beläuft sich die Zahl auf 3598 und bei den Sozialarbeiterinnen auf 6648.

3.2. Supervision im sozialen Arbeitsbereich

Hier gelten im Allgemeinen alle Umstände und Gegebenheiten, die im Teil *I. Supervision* bereits beschrieben wurden. Auch gilt: „In sozialen, therapeutischen und pädagogischen Arbeitsfeldern ist Supervision als begleitender Beratungs- und Reflexionsprozess seit Jahren etabliert". (Kühne-Eisendle, 2006, S. 37) Dafür verantwortlich zeigt sich wohl: „Ursprünglich entstammt die Supervision der sozialarbeiterischen Tätigkeit und wurde von SozialarbeiterInnen und PsychotherapeutInnen genutzt. Gegenwärtig wird diese Beratungsform von allfälligen Berufsgruppen im Sozialbereich aber auch darüber hinaus in Verwaltungssystemen und Betrieben genutzt". (Schreyögg, 2010, S. 23) Im Besonderen jedoch - und auch interessant für die supervisorische Praxis - gilt: „Bei sozialen Tätigkeiten sind die beruflichen Fähigkeiten in aller Regel mit der Persönlichkeit verschmolzen". (Erger & Molling, 1991, S. 106) Für soziale Systeme zählt speziell: „Konkurrenz, Streit und Neid scheinen Fremdwörter, die wenn überhaupt nur mit vorgehaltener Hand oder mit dem Sündenbock der Gruppe in Verbindung gebracht werden dürfen". (Erger & Molling, 1991, S. 114) Dahingehend können sich beispielsweise in der Thematik der Rivalität supervisionsrelevante Themen auftun. Gerade Berichtslängen, Zeitbedarf der Klientengespräche, Beliebtheitsgrad bei den Betreuten, eine begünstigte Einteilung im Dienstplan oder Rollendarstellungen sind Aspekte, die in der versteckten Hierarchie zum Tragen kommen. Auch ist zu bedenken, dass in der sozialen Arbeit Leistungskriterien nur schwer einzuordnen sind und sich demnach leistungsgerechte Entlohnung nur schwer gestalten lässt. Oft knüpft daran die Erwartung, das, „Leistung" auf einer Honorierung der

Beziehungsebene abgegolten wird (vgl. Erger & Molling, 1991, S. 106f), woraus sich wiederum interessante Themen für den Supervisionsprozess ergeben können.

IV. Empirischer Teil

4. Untersuchungsdesign

In diesem Bereich werden einige Eckdaten und Überlegungen hinsichtlich der qualitativen Erhebung angeführt. Als Erhebungsmodell ist ein problemzentriertes Interview gewählt worden, die qualitative Auswertung erfolgt mit Hilfe der im Anhang präsentierten Extraktionstabelle.

Es werden acht weibliche Personen, die im Sozialbereich - genauer gesagt im Bereich der stationären Arbeit mit Menschen mit Behinderung und aus dem stationären Bereich der Kinder- und Jugendarbeit mittels Interviewleitfaden im „face to face" Setting befragt. Die Interviews haben im Zeitraum vom 25. Juni bis 17. Juli 2012 stattgefunden und haben eine Dauer von einer bis eineinhalb Stunden in Anspruch genommen. Regional beschränkt sich die Erhebung auf die Örtlichkeit des Bundeslandes Steiermark.

4.1. Erhebungsinstrument

Hinsichtlich des Erhebungsinstruments ist für die Durchführung bzw. für die Interviewtechnik ein problemzentriertes Interview durchgeführt worden. Wie von Philipp Mayring beschrieben, werden die Vorteile dieses Erhebungsinstrumentes für die qualitative Forschung genützt. Grundsätzlich betitelt diese Interviewform: „[...] alle Formen der offenen, halbstrukturierten Befragungen [...]". (Mayring, 2002, S. 67) Auch gilt: „Das Interview lässt den Befragten möglichst frei zu Wort kommen, [...]. Es ist aber zentriert auf eine bestimmte Problemstellung, die der Interviewer einführt, auf die er immer wieder zurückkommt". (ebd.) Im Vorfeld werden Problemstellungen analysiert, Aspekte bearbeitet und ein entsprechender Interviewleitfaden erstellt, der beim Interview zum Einsatz kommt. Beim Interview selbst ist es wichtig, Offenheit als eine Grundvoraussetzung zu installieren und eine Vertrauensbeziehung herzustellen, sodass der Interviewte bzw. die Interviewte frei zu antworten vermag (vgl. Mayring, 2002, S. 67 - 69).

Weitere Aspekte und Vorteile, die ausschlaggebend sind, um diese Methode zu wählen sind:

- Man kann überprüfen, ob man von den Befragten überhaupt verstanden wird
- Die Befragten können ihre ganz subjektiven Perspektiven und Deutungen offen legen
- Die Befragten können selbst Zusammenhänge, größere kognitive Strukturen im Interview entwickeln
- Die konkreten Bedingungen der Interviewsituation können thematisiert werden. (Mayring, 2002, S. 68)

Ebenso ergibt sich, dass eine offene gleichberechtigte Beziehung im Interview mitunter ehrlichere, reflektiertere, genauere und offenere Ergebnisse hervorruft wie beispielsweise eine Fragebogen-Methode. Weiters setzt sich diese Interviewform aus Sondierungsfragen, den wesentlichen Leitfragen und eventuell möglichen Ad-hoc-Fragen zusammen (vgl. Mayring, 2002, S. 69f).

Ebenfalls gilt für die Überlegungen: „Anwendungsgebiete: Problemzentrierte Interviews bieten sich an bei stärker theoriegeleiteter Forschung mit spezifischeren Fragestellungen und bei Forschung mit größeren Stichproben". (Mayring, 2002, S. 71) Auch die Umstände einer theoriegeleiteten Forschung, sodass schon einiges zu der Thematik der Untersuchung bekannt ist und dezidierte, spezifische Fragestellungen im Vordergrund stehen (vgl. Mayring, 2002, S. 70), unterstreichen die Überlegungen diese Art des Interviews anzuwenden.

Ergänzend zur Durchführung meiner Interviews sei erwähnt, dass die Interviewpartnerinnen darauf hingewiesen worden sind, dass das Interview per Tonband aufgezeichnet wird und im Nachhinein wortwörtlich niedergeschrieben wird. Den Interviewpartnerinnen ist zugesichert worden, dass das zustande kommende Material vertraulich behandelt wird und eine Anonymisierung ihrer Person vorgenommen wird.

4.2. Erfassung der Daten und Auswertungsmethode

Hinsichtlich der Inhaltsanalyse ist zu erwähnen, dass das bei den Interviews aufgezeichnete Audiomaterial wörtlich abgetippt bzw. ein Transkript erstellt wurde, um die Basis für eine ausführliche interpretative Auswertung zu schaffen (vgl. Mayring, 2002, S. 89). Diesen Niederschriften folgt sodann eine themenbezogene Auswertung bzw. qualitative

Inhaltsanalyse. Neben den im Vorfeld gebildeten und auch im Interviewleitfaden (siehe Anhang 11. Interviewleitfaden) angeführten deduktiven Kategorien: *5.1. Zur Person, 5.1.1. Profile der Interviewpartnerinnen, 5.2. Zur Kontext der sozialen Arbeit, 5.2.1. Beweggründe, 5.2.2. Erwartungen an den sozialen Arbeitsbereich, 5.3. Supervisionsrelevante Themen, 5.3.1. Settingwahl, 5.4. Der Auswahlprozess, 5.4.1. Übertragung und Gegenübertragung, 5.4.2. Sympathie, 5.5. Eine gelungene Supervision, 5.5.1. Rahmenbedingungen, 5.5.6. Häufigkeit der Supervision, 5.6. Erwünschte Ergebnisse, 5.7. Der „perfekte" Prozessbegleiter bzw. die „perfekte" Prozessbegleiterin, 5.7.1. Qualifikation und Kompetenz einer Prozess begleitenden Person, 5.7.8. Kommunikation, 5.8. Dem Geschlecht nach, 5.8.1. Akzeptanz, 5.8.4. Die Kompetenz des männlichen Supervisors, 5.8.8. Konkurrenzverhalten, 5.8.9. Erotische Komponente im Prozess, 5.8.10. Methodenwahl, Vielfalt und Arbeitsinhalte, 5.8.11. Geschlechtsspezifische Unterschiede in der Arbeitsweise,* wird, nachdem das Textmaterial vorliegt und eine zusammenfassende Inhaltsanalyse durchgeführt worden ist, eine zusätzliche induktive Kategorienbildung vorgenommen. Dabei handelt es sich um die in der Auswertung angegebenen Kategorien: *5.2.3. Zielsetzungen in der sozialen Arbeit, 5.3.2. Themen auf Team- und Gruppenebene, 5.3.3. Persönliche Themen, 5.3.4. Supervisionsthemen für Frauen in Leitungsfunktion, 5.3.5. Arbeit an Fällen, 5.3.6. Bereichsübergreifende Gruppen- bzw. Großgruppenveranstaltungen, 5.4.3. Man kennt den Supervisor bzw. die Supervisorin schon, 5.4.4. Berufspraxis und Berufserfahrung, 5.4.5. Optische Einflüsse bei der Auswahl, 5.4.6. Listungen, 5.4.7. Grundprofession und Herkunftsberuf, 5.4.8. Finanzielle Aspekte, 5.4.9. Intuitive Auswahl, 5.4.10. Abwechslung, 5.5.2. Die Vertrauensbasis, 5.5.3. Die Offenheit, 5.5.4. Von Freiwilligkeit und Bereitschaft, 5.5.5. Wertschätzend gegenüber Personen und Meinungen, 5.5.7. Der Wohlfühlfaktor, 5.5.8. Räumlichkeit und Umgebung, 5.5.9. Informationsweitergabe und Schweigepflicht, 5.5.10. Ein Wissen über Supervision, 5.5.11. Eine Begleitung über längerem Zeitraum, 5.5.12. Sich Zeit nehmen, 5.6.2. Abschluss von Thematiken und Konflikten, 5.6.3. Ein Anspruch der Gefühlsebene, 5.6.4. Neue Ansätze erkennen, 5.6.5. Ballast ablegen, 5.6.6. Ergebnis- , Lösungs- und Zielorientiert, 5.6.7. Eine gewisse Nachhaltigkeit, 5.6.8. Fachlichkeit und Kompetenz erwerben, 5.6.9. Eigeninitiative der Supervisandinnen, 5.7.2. Supervisor bzw. Supervisorin als neutrale Person, 5.7.3. Es muss „passen", 5.7.4. Empathie, 5.7.5. Vornehme Zurückhaltung, 5.7.6. Engagement, 5.7.7. Distanz, 5.7.9. Man soll objektiv sein, 5.8.2. Warum ein Mann als Prozessbegleiter? 5.8.3.*

Vorzüge von männlichen Eigenschaften, 5.8.5. Der männliche Supervisor als Gegenpol, 5.8.6.
Anderwärtige Vorzüge, 5.8.7. Machtverhältnisse.

Den entsprechenden Auswertungskriterien hinsichtlich eines Auswertungs- bzw. Codierleitfadens nach, wird in Folge eine strukturierte Inhaltsanalyse durchgeführt. Entsprechend einer Reproduzierung des Datenmaterials wird eine Extraktionsliste (siehe Anhang 12. Extraktionslist) als Aufbereitung und unterstützende Maßnahme erstellt. Aus der dadurch entstandenen strukturierten Informationsbasis, die als Grundstock für die Beantwortung der Interviewfragen herangezogen werden kann, wird das Material nach Zusammenhängen zwischen Variablen durchsucht und die gefundene Wirkung der Variablen beurteilt.

In Folge wird eine quantifizierende Materialübersicht (Häufigkeitsangabe) bzw. qualifizierende Materialübersicht getätigt. Schlussendlich folgt eine vertiefende Fallinterpretation (vgl. Mayring, 1997, S. 42-82; vgl. Gläser & Laudel, 1999, S. 4-20).

4.3. Auswahl der Stichproben

Um ein möglichst repräsentatives Untersuchungsergebnis gewährleisten zu können stellt sich die Stichprobenauswahl bzw. Auswahl der Interviewpartnerinnen hinsichtlich des qualitativen Stichprobenplans wie folgt dar:

- Alle befragten Supervisandinnen müssen Supervision schon bei einem männlichen Supervisor wie auch bei einer weiblichen Supervisorinnen konsumiert haben, um etwaige Unterschiede reflektieren zu können.
- Alle Supervisandinnen müssen im sozialen Arbeitsfeld tätig sein, wobei es hierbei im Speziellen um die beiden Teilbereiche der Begleitung von Menschen mit Behinderung und der sozialpädagogischen Arbeit mit Kindern und Jugendlichen im stationären Bereich geht.
- Um genauere Ergebnisse erzielen bzw. Vergleiche und Gegenüberstellungen anstellen zu können, werden jeweils vier Supervisandinnen aus dem Berufsfeld der Begleitung

von Menschen mit Behinderung und vier Supervisandinnen aus dem Arbeitsfeld der Jugendwohlfahrtseinrichtung interviewt.

- Hierbei werden aus dem jeweiligen Arbeitsfeld wiederum je zwei Personen mit Leitungsfunktion und zwei Personen ohne Leitungsfunktion befragt.

- Weiterführend wird auch hier noch einmal eine Streuung angestrebt, indem die Personen mit Leitungsfunktion noch einmal dahingehend unterteilt werden, ob sie diese Leitungsfunktion schon vor 1999 und somit vor dem Inkrafttreten des Gendermainstream inne hatten, oder diese Funktion erst nach 1999 bekleidet wurde. Auch bezüglich der befragten Personen ohne offizielle Leitungsfunktion wird solch eine Unterteilung vorgenommen.

- Zu guter Letzt gibt es noch die Möglichkeit, die jeweils von den Interviewpartnerinnen in Anspruch genommenen Supervisionssettings zu untergliedern. Diese Möglichkeit ist aber nicht zwingend untergliedert, sondern wird aus den jeweiligen Interviews entsprechend herausgefiltert und in die Fallvariable vermerkt.

Ergänzend zu diesen Erläuterungen wird zur Veranschaulichung eine entsprechende Fallvariable dargestellt:

4.4. Fallvariable:

Fallvariable	Bereich der Arbeit und Begleitung von Menschen mit Behinderung (stationäre Einrichtung)				Bereich der Arbeit mit Kindern und Jugendlichen im sozialpädagogischen Bereich (stationäre Einrichtungen)			
	Interviewpartnerin A	Interviewpartnerin B	Interviewpartnerin C	Interviewpartnerin D	Interviewpartnerin E	Interviewpartnerin F	Interviewpartnerin G	Interviewpartnerin H
Leitende Funktion vor 1999(Einführung Gendermainstream) angetreten	X				X			
Leitende Funktion nach 1999 angetreten		X				X		
Betreuerinnenfunktion vor 1999 angetreten			X				X	
Betreuerinnenfunktion nach 1999 angetreten				X				X
Einzelsetting		X			X	X	X	
Teamsetting	X	X	X	X	X	X	X	X
Gruppensetting		X		X		X	X	
Fallsupervision	X	X	X		X	X	X	X
Coaching	X	X			X	X		
Leitercoaching	X	X						
Ausbildungssupervision				X		X		
Organisationsentwicklung							X	

5. Darstellung der Ergebnisse

Hinsichtlich der Darstellung der Ergebnisse ist anzuführen, dass vorab ein grundsätzlicher Überblick über die befragten Supervisandinnen geschaffen wird und etwaige Aussagen zur Person angeführt werden. In weiterer Folge werden sich die Auswertungsergebnisse so gestalten, dass sich die Reihenfolge der Kategorien nach der Häufigkeit der Nennungen strukturiert. Hierbei wird überblicksmäßig angeführt, welche Aussagen von welchen Interviewpartnerinnen getroffen wurden und Gemeinsamkeiten - besonders in Hinblick auf die in der *4.4. Fallvariable* angegebene Streuung - herausgearbeitet. Weiters gilt, was die in der Darstellung angeführten Aussagen und die damit in Verbindung zu bringenden Quellenangaben betrifft, sich diese Gegebenheit so darstellt, dass beispielsweise die Angaben von **Interviewpartnerin A** der Niederschrift von **Transkript 1** entsprechen, wie auch die Angaben Bezug nehmend auf **Interviewpartnerin B** jenem von **Transkript 2** und die von **Interviewpartnerin C** jenem des **Transkriptes 3** entsprechen und so weiter.

5.1. Zur Person

Alle Interviewpartnerinnen haben eine für ihren Arbeitsbereich anerkannte Ausbildung und sind in den für diese Arbeit relevanten Arbeitsbereichen der Jugendwohlfahrt bzw. der Behindertenhilfe tätig. Entsprechend den Angaben aus den Fallvariablen sind die befragten Interviewpartnerinnen dort vor 1999 bzw. nach 1999 - dem Inkrafttreten des Gendermainstream - tätig. Auch die Variante die aktuelle Tätigkeit mit oder ohne Leitungsfunktion zu bewerkstelligen, wird laut den Angaben in der Fallvariable erfüllt (vgl. T1, S. 1; T2, S. 1; T3, S. 1; T4, S. 1; T5, S. 1; T6, S. 1; T7, S. 1; T8, S. 1).

5.1.1. Profile der Interviewpartnerinnen

Interviewpartnerin A ist gegenwärtig als ausgebildete Sozialpädagogin in einer Einrichtung der Behindertenhilfe im Werkstätten- und Wohnbereich, den mobilen Diensten sowie in der integrativen Berufsausbildung tätig. Sie ist seit 1981 im Sozialbereich tätig und bekleidet seit 1995 die Funktion der Zweigstellenleitung (vgl. T1, S. 1).

Interviewpartnerin B ist aktuell als ausgebildete Sonderschullehrerin, Arbeitsassistentin, Diplom-Sozialbetreuerin (Behindertenarbeit) in einer Einrichtung für Menschen mit Behinderung im vollzeitbetreuten Wohnen sowie der Tageswerkstätte tätig. Sie ist seit 1996 im Sozialbereich aktiv und bekleidet seit 2001 die Funktion der Einrichtungsleitung (vgl. T2, S. 1).

Interviewpartnerin C ist gegenwärtig als ausgebildete Sozialpädagogin in einer Einrichtung für Menschen mit Behinderung im Schwerstbehindertenbereich tätig. Sie ist seit 1982 im Behindertenbereich tätig und bekleidet vorrangig die Funktion einer Betreuerin (vgl. T3, S. 1).

Interviewpartnerin D ist gegenwärtig als ausgebildete Fachsozialbetreuerin mit den Schwerpunkten Alten- sowie Behindertenarbeit in einer Einrichtung für Menschen mit Behinderung im Wohn- und Trainingswohnungsbereich tätig. Sie ist seit 2008 in der Behindertenpflege in der Funktion einer Begleitung von Menschen mit Behinderung aktiv (vgl. T4, S. 1).

Interviewpartnerin E ist gegenwärtig als ausgebildete Kindergartenpädagogin und Gestalttherapeutin im sozialpädagogischen Bereich tätig. Sie arbeitet seit 1985 im Sozialbereich, hat von 1997 bis 2010 die Funktion einer Einrichtungsleitung einer sozialpädagogischen Wohneinrichtung bekleidet und ist seit 2011 als Regionalleiterin in diesem Bereich tätig (vgl. T5, S. 1).

Interviewpartnerin F ist aktuell als ausgebildete Kindergartenpädagogin und Mototherapeutin in einer sozialpädagogischen Wohngemeinschaft tätig. Sie arbeitet seit 2001 im Sozialbereich und bekleidet seit 2008 die Funktion der Einrichtungsleitung (vgl. T6, S. 1).

Interviewpartnerin G ist gegenwärtig als ausgebildete Sozialpädagogin in der sozialpädagogischen Kinder- und Jugendarbeit tätig. Sie arbeitet seit August 1985 im sozialpädagogischen Bereich in der Kinderbetreuung (vgl. T7, S. 1).

Interviewpartnerin H ist gegenwärtig als ausgebildete Diplom-Behindertenpädagogin in einer sozialpädagogischen Wohneinrichtung tätig. Sie arbeitet seit 2006 im Sozialbereich und macht gerade die Ausbildung zur Sozialpädagogin (vgl. T8, S. 1).

5.2. Zum Kontext der sozialen Arbeit

Das Kapitel des sozialen Kontextes soll allgemein einen Überblick schaffen, aus welchen Beweggründen heraus die von mir befragten Frauen sich für dieses Arbeitsfeld entschlossen haben. Welche Erwartungen haben sie in diesen Bereich gesetzt, bevor sie tätig geworden sind und inwieweit sind diese Erwartungen erfüllt worden. Welche Vorerfahrungen bringen die einzelnen Personen mit und welche familiären und Umfeld bedingten Einflüsse sind zum Tragen gekommen. Ebenso wird hinterfragt, inwieweit - wie im ersten Hauptteil dieser Arbeit unter dem Abschnitt *IV. Das Feld der Sozialen Arbeit* beschrieben - traditionelle Werte sowie die gesellschaftliche Anerkennung eine Rolle spielen könnte.

5.2.1. Beweggründe

In diesem Kapitel wird angeführt, welche Beweggründe und Vorerfahrungen die interviewten Frauen mit dem Bereich der sozialen Arbeit hatten, bevor sie sich entschlossen haben, selbst in diesem Bereich tätig zu sein.

Auffallend ist, dass ein Großteil der Frauen (**Interviewpartnerin A, B, C, D, E** und **F**) eine Beeinflussung von Seiten ihres Elternhauses und dem engeren Umfeld als einen Beweggrund für die Auseinandersetzung mit einer sozialen Tätigkeit nannten. Dies betrifft im Besonderen alle im Behindertenbereich tätigen Frauen sowie alle befragten Personen in Leitungsfunktion (vgl. T1, S. 1; T2, S. 2; T3, S. 1; T4, S. 1; T5, S. 2; T6, S. 1). Entsprechend dazu getätigte Aussagen gestalten sich wie folgt.

Interviewpartnerin B sagt: „[…] damals habe ich geglaubt, es ist einfach, weil wir innerhalb der Familie relativ viel sozial vorgeschädigt sind - unter Anführungszeichen. Mein Vater ist in diesem Bereich tätig gewesen […] und dadurch ist das so mitgewandert in der Erziehung und ich glaube das nimmt man somit auf". (T2, S. 2)

Interviewpartnerin D sagt dazu: „Ich habe es eigentlich gesehen durch meine Schwester. Die ist Diplompädagogin". (T4, S. 1)

Interviewpartnerin F äußert: „Gründe dafür waren das soziale Umfeld, in dem ich aufgewachsen bin, dass da einfach eine große Bedeutung für den Bereich geebnet worden ist". (T6, S. 1)

Weiter nennt die Hälfte der Frauen unter anderem auch Vorerfahrungen im Bereich der sozialen Arbeit in Form eines Praktikums gemacht zu haben (vgl. T1, S. 2; T4, S. 2; T7, S. 1; T8, S. 1).

Als andere persönliche Gründe dafür um in den Kontext der sozialen Arbeit eingetreten zu sein, meint **Interviewpartnerinnen B**, dass sie ähnlich wie **Interviewpartnerin F** ein kommunikativ-kreativ und sprachlich begabter Typ sei und ihr deshalb dieser Bereich passend erschien (vgl. T2, S. 2; T6, S. 1), wobei beide Personen hier als Leitende nach der Einführung des Gendermainstream zu nennen sind. Zusätzlich sprechen **Interviewpartnerin A**, **F** und **H** von Beweggründen der Neugierde (vgl. T6, S.2), dass sie gerne mit Menschen arbeiten und unterstützend und helferisch tätig sein wollten (vgl. T1, S. 1; T6, S. 1; T8, S. 1). Für **Interviewpartnerin A** und **C** ist unter anderem die Randgruppenthematik bei Menschen mit Behinderung von Interesse (vgl. T1, S. 1; T3, S. 1), wobei **Interviewpartnerin D** nach ihrem Wunsch sich beruflich zu verändern, die guten berufsbegleitenden Ausbildungsmöglichkeiten und die entsprechenden Arbeitsmöglichkeiten in ihrer Region als Grund für die Entscheidung in den Sozialbereich einzusteigen, geäußert hat (vgl. T4, S. 2). Für **Interviewpartnerin E** und **H**, sind der Spaß an der Arbeit und eine damit einhergehende Bauchentscheidung ausschlaggebend (vgl. T5, S. 2; T8, S. 1). Die in Leitungspositionen stehenden **Interviewpartnerinnen B** und **E** nennen den Wunsch im sozialen Arbeitsfeld viele Frei– und Gestaltungsräume in einer selbstständigen Arbeitsumgebung vorzufinden (vgl. T2, S. 2; T5, S. 2).

5.2.2. Erwartungshaltungen an den sozialen Arbeitsbereich

Grundsätzlich scheint, wie von sechs der acht befragten Frauen gesagt, die Erwartung die Welt etwas verbessern zu wollen, hoch im Kurs zu stehen (vgl. T1, S. 1f; T2, S. 2; T3, S. 1; T6, S. 2; T7, S. 2; T8, S. 2).

Ansonsten sprechen alle in leitender Funktion tätigen Interviewpartnerinnen (**Interviewpartnerin A, B, E** und **F**) davon, eher wenig bis gar keine Erwartungshaltung an die Arbeit im sozialen Arbeitsfeld gehabt zu haben (vgl. T1, 2; T2, S. 2; T5, S. 2; T6, S. 2). Ebenfalls keine Erwartungen haben die beiden im Behindertenbereich tätigen **Interviewpartnerinnen C** und **D** in den sozialen Arbeitsbereich gesetzt (vgl. T3, S. 1; T4, S. 1). Die beiden **Interviewpartnerinnen G** und **H,** die im Bereich der Jugendwohlfahrt tätig sind, nennen für sich als Erwartungen, etwas von sich weitergeben und Unterstützung leisten zu können (vgl. T7, S. 2; T8, S. 1). Der Faktor Spaß wird ebenfalls und auch von Personen, die nur wenig Erwartungen vorab in das soziale Arbeitsfeld gesetzt haben, deklariert (vgl. T2, S. 2; T4, S. 2; T5, S. 2; T7, S. 2; T8, S. 1).

Interessant zu erwähnen ist auch, dass drei der vier Interviewpartnerinnen mit Leitungsfunktion ursprünglich in einem anderen Bereich der sozialen Arbeit tätig sein wollten (vgl. T2, S. 2; T5, S. 1; T6, S. 1).

5.2.3. Zielsetzungen in der sozialen Arbeit

Ergänzend zu den bereits angeführten Erwartungen werden ergänzend etwaige Zielsetzungen der Befragten für ihre Arbeit und vor allem für sie persönlich angeführt.

Wichtig für alle interviewten Führungskräfte (**Interviewpartnerin A, B, E** und **F**) zeigt sich ein gestalterischer Freiraum und die Möglichkeit etwas bewegen zu können. Auch beispielsweise Projekte, Konzept- und Aufbauarbeit, Fragen der Arbeitsqualität, Entscheidungsfreiheit und die Umsetzung dieser zählen zu den genannten Aspekten (vgl. T1, S. 2; T2, S. 2; T5, S. 2; T6, S. 2). Ein Beispiel dafür wäre: „Mir war klar, dass das Mäuseschritte sein werden am Anfang, aber man muss Akzente setzen, weil sonst bleibt alles ewig gleich". (T1, S. 2) Als ein weiteres Beispiel gilt zu nennen: „Für mich ist ganz wichtig, eine Arbeit zu haben, wo ich viel Entscheidungsfreiheit habe, einen großen Freiraum, eigentlich Gestaltungsraum. Das war mir immer wichtig". (T5, S. 2)

Für die Personen mit Betreuungsaufgaben stehen Zielsetzungen, wie etwas auf gleicher Ebene bewirken zu wollen (vgl. T3, S. 2), sich alles Schritt für Schritt anzusehen, was da kommt (vgl. T4, S. 2), etwas an das Klientel weitervermitteln zu wollen, deren Freizeit mit zu gestalten, ihnen zu helfen und sie zu begleiten, fest (vgl. T7, S. 2; T8, S. 1).

5.3. Supervisionsrelevante Themen

Hier können die Erwartungen und die Vielfalt an etwaigen Supervisionsthemen, die von den Interviewpartnerinnen präsentiert worden sind. Die aus dem Empirischen Teil erworbenen Themenbereiche werden entsprechend ihrer möglichen Zuordnung in Unterkategorien strukturiert dargeboten. Grundsätzlich zeigen sich nach der Auswertung der Interviews folgende Unterkategorien als interessant und für die Fragestellung dieser Arbeit relevant.

5.3.1. Settingwahl

Alle befragten Interviewpartnerinnen nahmen und nehmen gegenwärtig - wie in der Fallvariable angeführt - an Supervisionssettings teil (vgl. T1, S. 6, S. 12; T2, S. 2-5, S. 11; T3, S. 2. S. 4f; T4, S. 3-6; T5, S. 3, S. 5, S. 7; T6, S. 4, S. 9; T7, S. 3, S. 5, S. 7; T8, S. 4).

Alle von mir interviewten Frauen in Leitungsfunktion (**Interviewpartnerin A, B, E und F**) äußern, dass sie Coaching hinsichtlich ihrer Thematiken in Bezug auf ihre Führungsposition bei Bedarf in Anspruch nehmen (vgl. T1, S. 6, S. 10, S. 12; T2, S. 2; T5, S. 5, S. 7; T6, S. 5). Eine Aussage dazu gestaltet sich wie folgt: „Dann war eine Zeit, wo es einen schwierigen Mitarbeiter gegeben hat. Wo es für mich sehr hilfreich war für die Gespräche. Wo ich mir Fragetechniken geholt habe oder einfach auch, wie kann ich das Gespräch gut moderieren oder führen, dass ich zu vielen Inhalten komme? Und da bin ich ein Jahr lang regelmäßig ins Coaching gegangen". (T6, S. 5) Eine weitere Aussage wäre: „Wenn es jetzt eher um eine organisatorische Geschichte geht, um eine Führungsgeschichte in dem Sinne, wo ich mehr in meiner Führungsrolle Unterstützung brauche, würde ich mir eher ein Coaching holen". (T5, S. 5) Es zeigt sich, dass die Supervisandinnen mit Leitungsfunktion, die vor dem

Gendermainstream in das Arbeitsgeschehen eingetreten sind, im Gegensatz zu ihren später eingetretenen Leitungskolleginnen eher seltener die Möglichkeit des Coaching in Anspruch nehmen (vgl. T1, S. 3; T5, S. 7). Auch hinsichtlich der Teamsupervisionen ist zu erwähnen, dass eine Teilnahme nur mehr bei Bedarf und in wenigen Fällen durchgeführt wird (vgl. T1, S. 5f; T5, S. 7). Bedacht sind die beiden **Interviewpartnerinnen A** und **E** aber darauf, dass ihre Mitarbeiter und Teams regelmäßig Supervision (in welcher Form auch immer) durchführen (vgl. T1, S. 3; T5, S. 3).

Interviewpartnerin B findet Fall- und Einzelsupervision sehr passend (vgl. T2, S. 5), ist aber der Teamsupervision gegenüber etwas reserviert, weil sie schlechte Erfahrungen hinsichtlich der Informations- und Ergebnisweitergabe an Vorgesetzte gemacht hat (vgl. T2, S. 6). Auch nennt sie Intervision als eine supervisionsähnliche Möglichkeit bei etwaigen Problemstellungen (vgl. T2, S. 2). **Interviewpartnerin C** empfindet Großgruppensettings im Gegenteil zu Settings mit kleineren Gruppen als wenig gewinnbringend (vgl. T3, S. 2). **Interviewpartnerin D** hat genauso wie **Interviewpartnerin F** Gruppensupervision im Ausbildungsbereich absolviert (vgl. T4, S. 3; T6, S. 4), wobei **Interviewpartnerin B** ihre angebotene Einzelsupervision nicht in Anspruch genommen hat (vgl. T4, S. 5). Besonders hebt **Interviewpartnerin G** die positive Wirken der Einzelsupervision hervor und sagt darüber: „Eine Einzelsupervision ist schon wirklich Klasse, weil da kannst du wirklich für dich selber sein, das wirklich persönlich für dich privat nützen", (T7, S. 5) wobei sie ähnlich wie **Interviewpartnerin B** in Teamsupervisionen das Gefühl hat nicht alles sagen zu können, besonders wenn man sich nicht unterstützt fühlt (vgl. T2, S. 3; T7, S. 7).

5.3.2. Themen auf Team- und Gruppenebene

Alle von mir befragten Supervisandinnen meinen, dass Supervision ein ideales Instrument darstellt, um Konflikte im Team, mit Kollegen oder beispielsweise der Leitung zu bearbeiten (vgl. T1, S. 6; T2, S. 3; T3, S. 2f; T4, S. 4f, S. 6; T5, S. 3, S. 5; T6, S. 5; T7, S. 3f; T8, S. 2), was unter anderem zur Verbesserung des Teamklimas beitragen soll (vgl. T3, S. 3; T4, S. 3), wobei damit die Gegebenheit des Spürbarmachens von Teamenergie (vgl. T6, S. 2) und die Thematik, kein gutes Gefühl mehr bei der Arbeit zu haben, einhergehen können (vgl. T3, S. 12).

So ergeben sich Themen wie die Möglichkeit des Austausches im Team und mit Kollegen untereinander, sowie eine Reflexionsmöglichkeit für bevorstehende oder aktuelle Gegebenheiten, für brisante grenzwertige Situationen, für entsprechende Umgangsformen oder etwaige unausgesprochene Sachverhalte (vgl. T1, S. 3; T2, S. 3, S. 6; T3, S. 2f, S. 4; T4, S. 6, S. 12; T6, S. 2; T7, S. 3; T8, S. 2).

Als weitere Themen werden genannt, Todesfall in der Einrichtung (vgl. T2, S. 3), Neubeginn und Aufbau einer Einrichtung (vgl. T3, S. 2) sowie Leitungswechsel (vgl. T5, S. 17) und ein Nutzen der Supervision zum Zwecke der Psychohygiene (vgl. T1, S. 3; T4, S. 4), was heißt: „Wichtig ist Supervision im Sozialbereich vor allem, wenn es um Psychohygiene geht". (T1, S. 3)

Ebenfalls als Themen werden das Reflektieren von Betreuungs- (vgl. T5, S. 17; T6, S. 12), oder Dienstplänen (vgl. T8, S. 2) und der Umgang damit, genannt (vgl. T1, S. 3f) **Interviewpartnerin D** ergänzt ihre Ausführungen noch mit ausbildungsspezifischen Thematiken und einem entsprechenden Austausch in Lehrgangsgruppen (vgl. T4, S. 3)

5.3.3. Persönliche Themen

Weg von der eben angeführten Teamsupervision, hin zu eher persönlichen Themen, die ihre Prozessbegleitung eher im Coaching und der Einzelsupervision finden, äußern Supervisandinnen „das Stoßen an Grenzen" (vgl. T1, S.4; T2, S. 1; T7, S. 3), wie beispielsweise: „Wenn ich privat nicht mehr weiter weiß", (T8, S. 2) oder die persönliche Erfahrung mit einer Krankheit oder einem Todesfalles im näheren Umfeld (vgl. T7, S. 4) als Thema.

Auch der Aspekt sich selbst zu reflektieren und etwas über sich herausfinden zu wollen, steht als Wunsch ganz oben (vgl. T2, S. 3; T5, S. 2f, S. 6; T6, S. 2; T7, S. 3). Hierbei gilt zum Beispiel: „Was bei mir dann persönlich in einer Supervision im Coaching mitspielt, das sind trotz allem immer wieder meine Persönlichkeitsstrukturen mit denen ich mir selber teilweise im Weg stehe" (T2, S. 3) oder: „Es ist viel um mich gegangen, warum ich so emotional reagiere, was sonst grundsätzlich nicht so meine Art ist". (T5, S. 6)

Weitere Themen sind berufliche Veränderung (vgl. T5, S. 3), Demotivation (vgl. T2, S. 13) oder Probleme beim Berufseinstieg (vgl. T5, S. 3). Auch das Sprechen über Sachen, die einem am Herzen liegen (vgl. T8, S. 2) und das Nutzen der Supervision zur Psychohygiene (vgl. T1, S. 3, S.11; T7, S. 3) werden erwähnt. Als Auslöser für die Inanspruchnahme einer Supervision nennt **Interviewpartnerin B**: „Mein Beweggrund ist eigentlich immer, wenn ich anfange, dass ich in der Nacht von der Arbeit träume". (T2, S. 3)

5.3.4. Supervisionsthemen für Frauen mit Leitungsfunktion

In diesem Abschnitt werden im Speziellen die von den Frauen in Leitungspositionen kundgegebenen Themenbereiche angeführt.

Besonders zu erwähnen, gilt wohl die von allen Leiterinnen erwähnte Gegebenheit einer „Sandwich-Position" zwischen Einrichtung und Geschäftsführung und die damit verbundene Reflexion der eigenen Rolle in der Organisation (vgl. T1, S. 11; T2, S. 4, S. 9; T5, S. 7; T6, S. 5). Als beispielhafte Aussage möchte ich hier anführen: „Da geht's eher so um die Rolle der Regionalleitung, zwischen Geschäftsführung und Einrichtung, das ist ja auch so ein Dazwischen im Prinzip". (T5, S. 7) Ein weiteres Beispiel dafür wäre: „Gerade in meiner Position ist es oft schwierig, dass du über deine eigenen Fehler redest und dich selbst kritisierst und selbst reflektierst. Was ich in meiner Position aber ganz wichtig finde ist, dass man das macht und du bist in so einer „Sandwich-Position", wo du sagst, von oben her kommt der Druck, von unten kommt der Druck und du sollst ihn möglichst nicht weitergeben, weder nach oben noch nach unten. (T2, S. 4) Relevante Themen für die **Interviewpartnerinnen A** und **B** mit Leitungsfunktion in der Behindertenhilfe sind auch das Reflektieren von Ergebnissen des Leitercoachings im Mehrpersonensetting und Leitertreffen allgemein bzw. das Aufarbeiten etwaiger Krisen mit der Geschäftsführung (vgl. T1, S. 6; T2, S. 9, S. 12).

Im Speziellen nutzen die beiden in der Behindertenhilfe tätigen **Interviewpartnerinnen** mit Führungsfunktion **A** und **B** die Möglichkeit eines Leitercoachings im Mehrpersonensetting, was einen Austausch zwischen den Leitern und Leiterinnen aus der gleichen Organisation ermöglicht (vgl. T1, S. 6, S. 12; T2, S. 11). Auch die Trennung zwischen Privatem und

Beruflichem (vgl. T2, S. 13) sowie der Umgang mit den MitarbeiterInnen (vgl. T2, S. 8; T6, S. 3) gelten als entsprechende Themen.

Eine Hilfestellung von außen, um als Leitende neutral bleiben zu können sowie auch das Erarbeiten von Fragetechniken und Gesprächsführung sind ebenfalls supervisionsrelevante Themen (vgl. T6, S. 2, S. 5). Im Allgemeinen benutzen alle von mir befragten Leitungspersonen die Begrifflichkeit des Coachings, vor allem wenn es um die Aufarbeitung von Persönlichkeitsstrukturen (vgl. T1, S. 6; T2, S. 3), Entwicklungs- (vgl. T6, S. 5) und Führungsgeschichten sowie Systemanalysen geht (vgl. T5, S. 3, S. 5). Für **Interviewpartnerin B** zeigt sich aber auch schon die Gegebenheit, sich jemandem anvertrauen zu können als gewinnbringend (vgl. T2, S. 5), wobei **Interviewpartnerin A** den Erfahrungsaustausch als sehr nützlich erwähnt (vgl. T1, S. 11) und **Interviewpartnerin E** für sich die Reflexion von Gruppendynamiken als supervidierenswert erwähnt (vgl. T5, S. 16, 791). Erwähnenswert scheint hier auch die Aussage: „Ich habe interessanterweise Einzelsupervisionen lieber bei Männern gehabt, fällt mir jetzt gerade auf". (T6. S. 14)

5.3.5. Arbeit an Fällen

Für die Variante einer Fallsupervision, die im Zusammenhang mit dieser Kategorie des Öfteren angesprochen worden ist, wird grundsätzlich bestätigt, dass es sich hierbei meist um fallspezifische Probleme und Situationen mit zu betreuenden bzw. zu begleitenden Personen im sozialen Arbeitsfeld handelt. Dabei kommt meist ein extrem auffälliges Verhalten seitens des Klienten bzw. der Klientin zum Tragen, welches es zu besprechen gilt (vgl. T1, S. 3f, S. 6; T2, S. 3ff; T3, S. 2; T6, S. 2; T7, S. 3; T8, S. 2), wobei in diesem Zusammenhang auch oft ein Gefühl der Ohnmacht und Ratlosigkeit vorherrscht (vgl. T1, S. 4, 183-184). Es stellt sich die Frage: „Wie gehst du mit ganz speziellen Verhaltensauffälligkeiten um". (T3, S. 2) Auch gilt als Themenschwerpunkt: „Dass du sagst, du stoßt einfach an Grenzen mit einem Klienten oder einem Verhalten von einem Klienten, dass wir uns dann jemanden holen". (T2, S. 3) Weiter zählt zu den Supervisionsschwerpunkten das Analysieren des Umfeldes des Klienten bzw. der Klientin (vgl. T2, S. 14) und das sich Einholen einer Außensicht (vgl. T5, S. 2). Im Kinder- und Jugendbereich kann eine solche Problematik zum Beispiel mit Schulproblemen bzw. Schulverweigerung angeführt werden (vgl. T8, S. 2).

5.3.6. Bereichsübergreifende Gruppen- bzw. Großgruppenveranstaltungen

Hierbei erwähnen **Interviewpartnerin C** und **D**, dass es auch Themen gibt, die mehrere Bereiche bzw. Abteilungen einer Organisation betreffen und sie entsprechende Großgruppenveranstaltungen eher als Informationsveranstaltung und als Werkzeug zur Übermittlung von Verhaltensregeln verstehen (vgl. T3, S. 2f, S. 7; T4, S. 3). Aber auch hier kann Supervision zur Entschärfung von Konflikten beitragen und besonders als Organisationsentwicklung auf Ziele, Strukturen und eine Weiterentwicklung einwirken (vgl. T6, S. 3).

5.4. Der Auswahlprozess

Hinsichtlich dieser und der nächst stehenden Kategorien gilt es, etwas genauer auf den Auswahlprozess und den damit verbundenen Auswahlkriterien zu schauen, die auch in weiterer Folge einen gelungenen Supervisionsprozess ermöglichen sollen.

Grundsätzlich scheint es, dass der Auswahlprozess hinsichtlich von Teamsupervisionen darauf hinausläuft, dass mehrere Supervisoren bzw. Supervisorinnen zu einer Vorstellung in das Team oder die Gruppe eingeladen werden, um dort im besten Falle eine erste - meist kostenfreie - Schnuppersupervision abzuhalten (vgl. T5, S. 16; T7, S. 11; T8, S. 9). Der Erstkontakt mit dem Supervisor bzw. der Supervisorin wird meist durch die Einrichtungsleitung hergestellt (vgl. T1, S. 5; T7, S. 9). Nach einer ersten Vorauswahl kommt es dann zu einer entsprechenden Entscheidung im Team (vgl. T1, S. 6; T4, S. 11; T7, S. 9, S. 11; T8, S. 10).

Im Zusammenhang mit der Möglichkeit der Auswahl eines Supervisors bzw. einer Supervisorin soll auch erwähnt werden, dass fünf Interviewpartnerinnen **(Interviewpartnerinnen C, E, F, G** und **H)** es als sehr unbefriedigend empfunden haben, dass es im ländlichen Bereich nur eine sehr eingeschränkte und stark begrenzte Auswahl gibt (vgl. T3, S. 10; T5, S. 16; T6, S. 4; T7, S. 8; T8, S. 10) Daraus ergibt sich die Gegebenheit: „Ob´s jetzt männlich oder weiblich ist, war für uns überhaupt nicht ausschlaggebend, wir haben den genommen, den wir bekommen haben bzw. der zugesagt hat". (T7, S. 10)

5.4.1. Übertragung und Gegenübertragung

Im Auswahlprozess wie auch in der späteren Durchführungsphase des Supervisionsprozesses ist die Gegebenheit des Übertragungs- bzw. Gegenübertragungsphänomens eine enorm wichtige. Eine große Rolle nimmt dabei die bewusste sowie unbewusste Wahrnehmungsaktivität ein, die das Gefühl „das es passt" sowie die Empfindung von Sympathie erzeugt. Die Befragten äußerten sich dazu, dass ein Sympathieempfinden bei der Auswahl des Supervisors bzw. der Supervisorin gegeben sein muss, um auch in weiterer Folge den Supervisionsprozess vertrauensvoll und ertragreich gestalten zu können (vgl. T1, S. 11, S. 13; T2, S. 8, S. 11f; T3, S. 8; T4, S. 7; T5, S. 13f; T6, S. 10; T8, S. 8f).

Hinsichtlich der Empfindung von Ablehnung äußern sie, dass diese Gegebenheit eine wohl unbefriedigende Basis für einen weiteren Supervisionsprozess darstellt und somit den Auswahlprozess beeinflusst (vgl. T4, S. 7, S. 9f; T5, S. 10, S. 13f; T6, S. 9f; T8, S. 8f). Konkretere Aussagen hierzu waren: „Wenn mir wer nicht zu Gesicht steht, dem sage ich wahrscheinlich weniger, weil ich mich weniger überwinde, wenn die Basis gleich stimmt". (T8, S. 9) Oder beispielsweise: „Ich habe dann schon mal Erfahrungen gemacht mit Psychologen, die da zu uns ins Haus kommen und im Endeffekt, wir haben uns ins Gesicht geschaut und wir haben beide gewusst das wird nichts. [...]. Es war dann irgendwie so lustig, er hat dann gesagt: „Mit kleinen blonden Frauen mit blauen Augen hab ich überhaupt noch nie können". (T2, S. 8) Weiter scheint: „Wenn man Ablehnung hegt, ich denke mir dann passt es menschlich oder auf der persönlichen Ebene nicht, dann kann ich nicht über meine Persönlichkeit reden oder Kritik schwerer annehmen". (T6, S. 10) Auch gilt: „Wenn wer irgendwas an sich hat, weißt eh, man assoziiert dann mit irgendeinem anderen Menschen, der so ähnliche Geschichten hat, nein das kannst du schon vergessen, dann bist du wahrscheinlich nicht so offen, hast eine Antipathie und dann funktioniert es nicht", (T3, S. 8) oder: „Ob die Ablehnung was anderes hat, ob es ein persönlicher Grund ist, weil man die Person vielleicht auch kennt oder sich in einem anderen Kontext trifft. Da muss man schauen, warum und wieso das so ist", (T6, S. 10) wobei **Interviewpartnerin C** dazu äußert: „Also das heißt, dass ich mir den Menschen dann trotzdem anschaue, weil der kann ja nichts dafür, dass er die gleiche Nase hat wie der, den ich nicht mag". (T3, S. 8)

Abschließend soll die verallgemeinerte Aussage: „Ja, entweder man ist sich sympathisch oder man ist sich nicht sympathisch", (T7, S. 9) unterstützend dafür genannt werden, dass **Interviewpartnerinnen G** und **H** keinen Zusammenhang mit der Geschlechtlichkeit des Supervisors bzw. der Supervisorin sehen, wenn es um die Empfindung von Sympathie oder Abneigung geht (vgl. T8, S. 9; T7, S.8). Auch den von **Interviewpartnerin B** erwähnten Aspekt, einen männlichen Supervisor deshalb gewählt zu haben, da sie in ihrem Auswahlbudget keine passende Supervisorin hatte, bei der das Gefühl passend war, könnte als Übertragungs- bzw. Gegenübertragungsphänomen interpretiert werden (vgl. T2, S. 12).

5.4.2. Sympathie

Zweifelsohne lässt sich die Gegebenheit der Sympathiewahrnehmung auch unter die Kategorie *5.7. Der „perfekte Prozessbegleiter bzw. die „perfekte Prozessbegleiterin* einordnen, da dieser Aspekt ohne Frage nicht nur den Auswahlprozess beeinflusst, sondern auch für den fortlaufenden Prozess einer Supervision geltend gemacht werden kann. Durch die Gegebenheit der Übertragung- und Gegenübertragungskategorie - die hier voran stehend angeführt worden ist - ergibt es sich aber, gleich hier die Befragungsergebnisse hinsichtlich des Teilaspektes „Sympathie" anzuführen.

So kann hier noch einmal zur Verstärkung erwähnt werden, dass Sympathie in der Auswahl und vor allem auch in der Prozessgestaltung eine starke Rolle zu übernehmen scheint, wenn es um eine gewinnbringende Zusammenarbeit zwischen Supervisor bzw. Supervisorin und den Supervisandinnen gehen soll (vgl. T1, S. 11, S. 13; T2, S. 9; T3, S. 9; T4, S. 7, S. 10, T5, S. 5, S. 14; T6, S. 10; T7, S. 8-10; T8, S. 10).

Zum besseren Verständnis hinsichtlich der Auffassung der Begrifflichkeit „Sympathie" sollen als Ankerbeispiele genannt sein: „Die Sympathie, dass ich mich wohlfühle, dass ich sage, okay, das kann ich jetzt gut nehmen, was der mir sagt, weil man sich persönlich nicht betroffen fühlt. (T8, S. 8)

5.4.3. Man kennt den Supervisor / die Supervisorin schon

Ein häufig genanntes Kriterium, welches ausschlaggebend ist, um sich für diesen oder denjenigen Supervisor bzw. Supervisorin zu entscheiden, ist das Faktum, ob es bezüglich dieses Supervisor bzw. dieser Supervisorin schon Erfahrungswerte gibt. Ob man ihn oder sie schon aus dem Vorfeld oder eventuell aus einem anderen Kontext heraus kennt (vgl. T2, S. 11, T3, S. 10; T4, S. 10; T5, S. 5, S. 14f; T6, S. 11; T7, S. 10; T8, S. 9).

Interviewpartnerin H äußert dazu: „Man muss den Supervisor vielleicht schon ein wenig kennen, dass man weiß, das passt jetzt und das kann ich jetzt sagen oder das kann ich nicht sagen, oder wie er mit gewissen Sachen einfach umgeht". (T8, S. 3)

Auch hinsichtlich der Einzelsupervision und dem Coaching ist ein dementsprechendes Kennen des Supervisors bzw. der Supervisorin als gewinnbringend in der Entscheidungsfrage erwähnt worden (vgl. T2, S. 2; T7, S. 9, S. 11). So wird von **Interviewpartnerin G** gesagt: „Also, für Einzelsupervision wähle ich mir einen aus, der mir sympathisch ist und den ich schon kenne". (T7, S. 9)

5.4.4. Berufspraxis und Berufserfahrung

Eine ebenso wesentliche Rolle spielen Berufserfahrung und Praxis, wenn es darum geht den passenden Supervisor bzw. die passende Supervisorin zu bestellen. Eine gewisse Erfahrung scheint laut den Aussagen der **Interviewpartnerinnen A, C, E, F** und **H** ein Auswahlkriterium darzustellen (vgl. T1, S. 8; T3, S. 13; T5, S. 4f, S. 15f; T6, S. 10, S. 12). **Interviewpartnerin C** nennt dieses Kriterium für sie als nicht ausschlaggebend (vgl. T3, S. 9)

Neben der Grundprofession ist besonders für die beiden Leiterinnen im Kinderwohlfahrtsbereich auch das Interesse für das zu supervidierende Arbeitsfeld von Bedeutung (vgl. T5, S. 16; T6, S. 12).

5.4.5. Optische Einflüsse bei der Auswahl

Bei den optischen Einflüssen und dem Erscheinungsbild zeigt sich, dass mehrmals die Meinung vertreten wird, dass die Optik mitunter den Auswahlprozess bestimmen kann.
Die **Interviewpartnerinnen C, F, G** und **H** äußern sich dazu, dass die Optik sehr wohl eine Rolle im Auswahlprozess einnimmt (vgl. T3, S. 10; T6, S. 7, S. 11; T7, S. 9f; T8, S. 7, S. 9).

Hier spricht **Interviewpartnerin F** davon: „Ich glaube, dass Optik immer irgendwie beeinflusst. [...]. Beim ersten Eindruck, zählt natürlich auch die Optik zum Gesamtbild dazu". (T6, S. 11) Die **Interviewpartnerinnen B** und **H** sind vorrangig der Annahme, dass optische Gegebenheiten primär keinen Einfluss nehmen (vgl. T2, S. 12; T8, S. 10) und so scheint: „Ob dann männlich oder weiblich oder die Optik hat nicht wirklich einen Ausschlag gegeben". (T2, S. 12)

5.4.6. Listungen

Die Orientierung an einer entsprechenden Listung von Supervisoren im Inter- bzw. Intranet sowie in Buchform wird von allen befragten Leitungspersonen als unterstützende Maßnahme hinsichtlich der Auswahl betrachtet (vgl. T1, S. 9; T2, S. 13; T5, S. 5, S. 14f; T6, S. 10). Eine Möglichkeit dafür wäre: „In der Teamsupervision gibt es jetzt mittlerweile die Möglichkeit, dass man auf die Homepage schaut und schaut, wie gestaltet sich die Homepage". (T5, S. 14)

5.4.7. Grundprofession Herkunftsberuf

Grundprofession, Herkunftsberuf, das entsprechende und damit in Zusammenhang zu bringende Arbeitsfeld sowie damit einhergehende Aus- bzw. Vorbildungen stellen ebenfalls ein Kriterium dar, um sich für oder gegen einen Supervisor oder eine Supervisorin zu entscheiden (vgl. T2, S. 8, S. 14; T5, S. 12, S. 14f). So wird beispielsweise von **Interviewpartnerin E** die Äußerung getätigt: „Kennt der unseren Bereich oder kommt der aus einer ganz anderen Welt, das spielt auch eine Rolle". (T5, S. 15) Im Besonderen wird hier auf eine psychiatrisch-therapeutische Grundprofession Bezug genommen (vgl. T2, S. 14; T5, S. 14; T7, S. 11) und erwähnt: „Also ich denke, wenn es eher um ein Problem geht, das mich persönlich betrifft, dann wähle ich mir z.B. den Peter aus, der ist eigentlich Therapeut, aber auch ein Mann. Wenn es aber eher um supervisorische Themen geht, dann gehe ich gerne zur Susanne, aber da spielt jetzt Frau oder Mann keine Rolle. Es spielt insofern eine Rolle, als dass der eine Therapeut ist und die andere Supervisorin. (T5, S. 12)

5.4.8. Finanzelle Aspekte

Nicht zu vernachlässigen ist vor allem für die Personen in Leitungsfunktion die Gegebenheit des finanziellen Aufwandes, der unter anderem im Speziellen auch die Anfahrtskosten ins Auge fasst (vgl. T2, S. 3, S. 8, S. 13; T5, S. 3, S. 15; T6, S. 4f, S. 10-12).

Wobei hier auch erwähnt wird: „Also wenn der wirklich gut ist und man das Gefühl hat, es bringt einen weiter, dann sind weniger Supervisionen, die mehr kosten besser als viele Supervisionen, die nichts bringen". (T5, S. 15)

5.4.9. Intuitive Auswahl

Hinsichtlich einer intuitiven Auswahl und dem Wahrnehmen eines Bauchgefühls kann angegeben werden, dass sich ein Teil der befragten Supervisandinnen - und hier im überwiegenden Maße jene mit Leitungsposition - auf ihr Bauchgefühl verlassen (vgl. T2, S. 11; T5, S. 12; T6, S. 14).

5.4.10. Abwechslung

Auch die Abwechslung des Geschlechts gilt es als Überlegung hinsichtlich der Wahlmöglichkeit Supervisor oder Supervisorin miteinzubeziehen. Zwei der Befragten meinen, dass es gut und angebracht ist zu bedenken, sich an geschlechtlicher Abwechslung zu orientieren (vgl. T2, S. 3; T5, S. 12, S. 15), wobei es zu folgender Aussage gekommen ist: „Ich denke, das Geschlecht alleine ist keine Qualifikation, aber wenn ich die Wahl habe, warum nicht? Würde ich abwechseln". (T5, S. 15)

5.5. Eine gelungene Supervision

Hierbei soll Bezug darauf genommen werden, welche Erwartungen die befragten Supervisandinnen haben.

Hinsichtlich dieser Kategorie gilt es eventuelle Rückschlüsse auf das Kapitel *1.2.1. Annäherung an eine gelungene Supervision* aus dem ersten Hauptteil dieser Arbeit zu ziehen.

Die aus den problemzentrierten Interviews erworbenen Erkenntnisse werden entsprechend den deduktiv und induktiv gewonnenen Kategorien zugeteilt und wiederum der Häufigkeit ihrer Nennung nach angegeben.

5.5.1. Rahmenbedingungen

In dieser Kategorie werden entsprechend der Interviewergebnisse Voraussetzungen und Rahmenbedingungen aus den gewonnenen Aussagen beschrieben. Gerade die Rahmenbedingungen stellen dar, welche Aspekte in Folge auch für eine gewinnbringende Zusammenarbeit mit dem Supervisor bzw. der Supervisorin ausschlagend sein können.

5.5.2. Die Vertrauensbasis

Eine Vertrauensbasis bzw. ein Vertrauen in den Supervisor bzw. die Supervisorin als Grundvoraussetzung nennen alle acht befragten Supervisandinnen als unerlässlich (vgl. T1, S. 10; T2, S. 4, S. 6f; T3, S. 3, S. 5; T4, S. 7; T5, S. 6, S. 10; T6, S. 3f, S. 7, S. 11; T7, S. 4; T8, S. 3, S. 6).

Hinsichtlich der Vertrauensbasis äußert sich **Interviewpartnerin D** wie folgt: „Ja einfach, dass sich jeder äußern kann ohne groß darüber nachzudenken, so dass es keinesfalls irgendwelche Konsequenzen haben könnte". (T4, S. 6)

Damit in Zusammenhang zu bringen wäre ein von **Interviewpartnerin B** geschilderte negative Erfahrung, die sie wie folgt beschreibt: „Also, da habe ich persönlich die Erfahrung gemacht, dass eigentlich eine Teamsupervision meistens eine gelenkte und getürkte Geschichte war und meistens darin geendet hat, dass irgendjemand gekündigt hat oder gekündigt worden ist". (T2, S. 3) Eben auch diese Interviewpartnerin mit Leitungsfunktion meint weiter, dass: „Gerade als Leitung tiefes Vertrauen da sein muss, da man aus dieser Position heraus nicht gerne über Fehler redet und sich selbst kritisierend reflektiert". (T2, S. 4)

5.5.3. Die Offenheit

Auch die Voraussetzung von Offenheit, um sich auf den Prozess einlassen zu können, liegt bei den befragten hoch im Kurs (vgl. T1, S. 4, S. 7; T3, S. 3; T4, S. 6f; T5, S. 4, S. 8; T6, S. 4; T8, S. 2). Beispielsweise gilt: „Ich denke, dass es sinnvoll ist, dass das ganze Team dahintersteht, oder die Personen, die an der Supervision teilnehmen, dass alle Personen diesem Prozess offen gegenüber stehen". (T6, S. 3)

Ebenfalls ist im Besonderen die Offenheit gegenüber dem Supervisor bzw. der Supervisorin des Öfteren angesprochen worden (vgl. T3, S. 8; T6, S. 10; T7, S. 7). So wird als erlebt erwähnt, dass Supervisoren wie auch Supervisorinnen im Vorfeld oftmals schon nicht akzeptiert werden, obwohl man diese noch gar nicht kennt (vgl. T3, S. 8). Ein anderes Beispiel stellt sich dahingehend dar: „Es war dann eigentlich zwischenmenschlich sehr schnell klar, er legt seine Karten nicht auf den Tisch und ich meine auch nicht". (T2, S. 11)

5.5.4. Von Freiwilligkeit und Bereitschaft

Wohl nicht zu vernachlässigen und deshalb wohl auch von Supervisandinnen zum Thema gemacht, ist der Aspekt der Freiwilligkeit. So soll Supervision grundlegend als erwünscht und freiwillig in Anspruch genommen werden (vgl. T1, S. 5, S. 7; T2, S. 4, S. 6; T3, S. 2-4; T4, S. 3; T5, S. 8; T7, S. 4). Als getroffene Aussage kann angeführt werden: „Wenn ich jemanden verpflichte zu einer Supervision, dann läuft schon etwas schief, weil dann kann der dort nicht offen damit umgehen". (T2, S. 4)

Wie im Falle von Teamsupervision angegeben, ist der Arbeitgeber verpflichtet regelmäßige Teamsupervisionen anzubieten und durchzuführen (vgl. T1, S. 7; T2, S. 5; T6, S. 3; T8, S. 3), wobei hier auch ein Beweis hinsichtlich dieser Durchführung zu erbringen ist (vgl. T5, S. 4). **Interviewpartnerin F** und **H** empfinden eine derartige Vorschreibung als gewinnbringend (vgl. T6, S. 5; T7, S. 5).

5.5.5. Wertschätzend gegenüber Personen und Meinungen

Auch die Wertschätzung und der wertschätzende Umgang mit Personen und Meinungen scheinen erwähnenswert. Man will hier die Meinung und Ideen kundtun können, ohne abgewertet, bewertet oder verletzt zu werden (vgl. T1, S. 4f; T2, S. 4; T3, S. 3, S. 5; T4, S. 4-6, S. 8f; T5, S. 14; T7, S. 7; T8, S. 3f). Im Gegenteil, man soll sich besonders auch vom Supervisor bzw. der Supervisorin wahrgenommen fühlen und deren Beiträge müssen wertgeschätzt werden (vgl. T2, S. 4; T3, S. 6; T4, S. 8f; T5, S. 10; T6, S. 4, S. 6; T7, S. 9f; T8, S. 5f, S. 9).

5.5.6. Häufigkeit der Supervision

Es wurde bzw. wird von allen Beteiligten Teamsupervision in Anspruch genommen. Die Regelmäßigkeit streckt sich dabei von einmal im Monat bis hin zu einmal im Jahr (vgl. T1, S. 6; T2, S. 3; T3, S. 5; T4, S. 5; T5, S. 3; T6, S. 5; T7, S. 6; T8, S. 4).

Hinsichtlich der Häufigkeit wird überwiegend die Meinung vertreten, dass diese passt, die Supervision könnte aber auch öfter durchgeführt werden (vgl. T1, S. 6f, T3, S. 4, S. 11; T4, S. 13; T6, S. 5; T7, S. 6; T8, S. 4). Für **Interviewpartnerin B** ist der jährliche Abstand in der Teamsupervision sehr passend (vgl. T2, S. 5). Auch stellt sich bei vielen Supervisandinnen die Möglichkeit dar, bei einer Akutsituation eine zusätzliche Supervision einzufordern, im Team- als auch im Einzelsetting (vgl. T3, S. 4; T4, S. 6; T6, S. 3; T7, S. 5).

Von allen Personen mit Leitungsfunktion (**Interviewpartnerin A, B, E** und **F**) wird bei Bedarf in unregelmäßigen Abständen von zwei- bis zwölfmal im Jahr die Möglichkeit eines Coachings in Anspruch genommen (vgl. T1, S. 6; T2, S. 4f; T5, S. 7; T6, S. 6; T7, S. 5).

Bezüglich der Häufigkeit der Inanspruchnahme von Supervision lässt sich auch erkennen, dass die **Interviewpartnerinnen A** und **E**, welche vor dem Gendermainstream ihre Leitungstätigkeit eingestiegen sind, weniger und unregelmäßiger als ihre beiden Kolleginnen (**Interviewpartnerinnen B** und **F**) Supervision bzw. Coaching konsumieren, wobei sie jedoch das Bestreben haben, Supervision für ihre Mitarbeiter anzubieten (vgl. T1, S. 3f, S. 6; T5, S. 3, S. 7).

Hinsichtlich einer Fallsupervision wird von **Interviewpartnerin B** angegeben: „Fallsupervisionen werden wirklich dann in Anspruch genommen, wenn einfach dementsprechend ein Fall da ist durch einen Klienten". (T2, S. 5)

5.5.7. Der Wohlfühlfaktor

Der Wohlfühlfaktor ist ein weiterer Aspekt, den es durch die Vielzahl der Nennungen der Supervisandinnen zu beleuchten gilt. Dabei wird erwähnt, dass man sich wohl und gut aufgehoben fühlen sollte (vgl. T1, S. 5; T2, S. 12; T4, S. 7, S. 10; T7, S. 4). Auch hier werden Grundvoraussetzungen wie ein ungezwungener, neutraler und geschützter Rahmen erwähnt (vgl. T2, S. 5; T4, S. 5; T5, S. 3), wobei diese Faktoren wiederum auch auf einer Gefühlsebene wahrgenommen werden (vgl. T2, S. 11).

Hinsichtlich dieses Wohlfühlfaktor ist dieser Voraussetzung dafür: „Das ich mich öffnen kann, dass ich gerne mitarbeite, dass ich motiviert bin was zu sagen, mich auf den Prozess einlasse und dass man sich freut, wenn man Supervision hat". (T6, S. 10)

5.5.8. Räumlichkeiten und Umgebung

Auch hinsichtlich der Räumlichkeiten und der Umgebung sind sich sechs der acht befragten weiblichen Supervisandinnen einig, dass diese den Wünschen des Teams bzw. auch der eigenen Person entsprechen sollten (vgl. T3, S. 4; T6, S. 4).

Als wünschenswert wird ein neutraler Raum und Rahmen (vgl. T3, S. 4; T4, S. 5), wenn möglich außerhalb der eigenen Arbeitsstätte bzw. der eigenen vier Wände genannt (vgl. T5, S. 5). Ebenso werden Wünsche genannt, dass der Raum entsprechend hell und offen sein soll und im gegebenen Fall auch groß genug für die Anzahl der SupervisionsteilnehmerInnen (vgl. T8, S. 4), sowie dass sich die Umgebung als ruhig gestaltet (vgl. T4, S. 5; T8, S. 3). Als ein bevorzugtes Setting wurde unter anderem ein Sesselkreis genannt (vgl. T5, S. 6). Hinsichtlich der Bereitstellung von Speisen und Getränken waren sich die beiden Führungspersonen, die vor dem Gendermainstream in die Leitungsfunktion eintraten nicht vollends einig. Während **Interviewpartnerin E** es nicht mag, wenn Speisen während der Supervision zur Entnahme angeboten werden, da dies eine ständige Ablenkung bedeutet (vgl. T5, S. 6), sieht

Interviewpartnerin A dies zumindest für etwaige Pausen sehr wohl als angebracht (vgl. T1, S. 5).

5.5.9. Informationsweitergabe und Schweigepflicht

Gerade auch mit der Thematik des Vertrauens lässt sich folgende Kategorie bezüglich der Schweigepflicht und der Informationsweitergabe in Zusammenhang bringen. Dabei wird erwähnt, dass die durch eine Supervision gewonnen Informationen vertraulich behandelt werden müssen und eine Weitergabe mit den zu supervidierenden Personen abgesprochen bzw. eine Schweigepflicht eingehalten werden soll (vgl. T2, S. 6f, S. 12; T3, S. 3f; T4, S. 11f; T8, S. 6). Besonders hinsichtlich der Informationsweitergabe an den hierarchisch höhergestellten Vorgesetzten bzw. an die hierarchisch höhergestellte Vorgesetzte, soll diese weitgehend vermieden werden (vgl. T2, S. 6f; T3, S. 10; T8, S. 7). Als Beispiel hinsichtlich dieser gewünschten und als Grundvoraussetzung präsentierten Faktums meint **Interviewpartnerin C**: „Wenn er nachher zu den Chefs geht und ausplaudert, kannst du es auch vergessen." (T3, S. 6) **Interviewpartnerin A** fordert, auch nicht zuletzt aus ihrer Leitungsposition heraus, eine entsprechende Transparenz hinsichtlich des Supervisionsprozesses (vgl. T1, S5).

5.5.10. Ein Wissen über Supervision

Für die Hälfte der Supervisandinnen ist es wichtig, über eine Grundidee was Supervision überhaupt darstellt und leisten kann, zu verfügen und etwaige Spielregeln im Vorhinein abzuklären (vgl. T1, S. 3; T3, S. 9; T4, S. 4), wobei hier als wichtig erscheint: „Dass man das Gute, das Positive von einer Supervision kennt und auch selber annehmen kann oder auch Kritik". (T6, S. 4)

5.5.11. Eine Begleitung über längeren Zeitraum

Die Supervisandinnen erleben ebenfalls eine Begleitung über längeren Zeitraum als sehr gewinnbringend (vgl. T1, S. 4f; T2, S. 14). Nicht zuletzt, weil Offenes beim nächsten Mal wieder weiterbehandelt und aufgearbeitet werden kann (vgl. T4, S. 11; T5, S. 7f, S. 10).

Gerade hinsichtlich einer prozessorientierten, länger dauernden Supervision ist anzuführen: „Für mich ist es gelungen, dass ich sage, die Vorbereitung, der gesamte Prozess und dann die Reflexion, dass ich das Ganze dann evaluiere. Was hat uns das geholfen, damit ich für die nächste Supervision oder den nächsten Block dann Dinge schon weiterentwickeln kann". (T1, S. 7) Darauf zu achten ist nur, dass der Supervisor bzw. die Supervisorin nicht zu lange als Begleitperson agiert, da die Gefahr besteht, dass dieser selbst zu einem Teil des Systems wird (vgl. T4, S. 11; T5, S. 3).

5.5.12. Sich Zeit nehmen

Die Bereitstellung von Zeit und Raum wird für den Ablauf als wichtige Ressource im Supervisionsprozess angeführt (vgl. T1, S. 5; T4, S. 3; T6, S. 2-4, S. 6; T8, S. 2f).

5.6. Erwünschte Ergebnisse

Im nachfolgenden Kapitel wird ein Blick darauf geworfen, welche Ziele es für die befragte Supervisandinnen zu erreichen gilt. Hierbei spannt sich der Bogen von der Erkenntnis, dass Supervision die entsprechende Unterstützung darstellen kann (vgl. T1, S. 7) bis hin zu der als unbefriedigend zu bezeichnenden Situation, nur seine Zeit abgesessen zu haben, um einen Supervisionsnachweis zu erlangen (vgl. T1, S. 7). Auch hier werden die Kategorien entsprechend der Häufigkeit ihrer Nennungen angeführt und es können ebenfalls wieder Rückschlüsse in Bezug auf die im ersten Hauptteil ausgearbeiteten Erkenntnisse speziell hinsichtlich des Abschnittes *I. Supervision* getroffen werden.

5.6.1. Anderer Blickwinkel, Perspektiven und Außenansichten

Ausnahmslos wurde von allen Supervisandinnen die Gegebenheit einer Außensicht, eines Blickwinkels von außen durch eine betriebsfremde Person als wichtig tituliert (vgl. T1, S. 4, S. 7; T2, S. 3; T3, S. 3; T4, S. 6; T5, S. 2f, S. 7; T6, S. 2, S. 7; T7, S. 3; T8, S. 3, S. 5). So ist von Vorteil: „Weil es für mich eine dritte außenstehende Person ist, die das einfach aus einem anderen Blickwinkel sieht, ich häufig auf der Stelle trete und dann einfach dankbar bin für irgendeinen Tipp für einen Weg, den es auch noch gibt". (T2, S. 3)

Im Speziellen heißt das: „Die Außenansicht ist das Wesentliche" (T5, S. 4). Oder beispielsweise: „Also ich kann mich an Situationen erinnern, wo wir Kinder besprochen haben, wo wir vorher eigentlich keinen Weg mehr gesehen haben momentan und dann hast du einen guten Supervisor oder es passt gerade und es gibt wieder eine andere Sichtweise und du merkst es auch. Da werden die Energien wieder frei". (T4, S. 3)

Interviewpartnerin B sieht als positiven Effekt: „Weil jemand von außen dabei ist, das heißt eine Unterstützung von außen, von einer externen Person, die einfach die Struktur, Beziehungen und Verflechtungen auch mit einem anderen Blick sieht". (T2, S. 3) Die **Interviewpartnerinnen A** und **E,** die beide die Leitungsfunktion vor dem Gendermainstream bekleideten, berufen sich auch auf den in Kapitel *1.2.1. Annäherung an eine gelungene Supervision* beschriebenen „Aha-Effekt" durch Impulse von außen (vgl. T1, S. 4; T5, S. 8).

5.6.2. Abschluss von Thematiken und Konflikten

Auch die Gegebenheit in der Supervision etwas abschließen zu können, ist ein Anliegen der Supervisandinnen. Dabei geht es erstrangig darum, etwaige Konflikte und Problemstellungen anzusprechen bzw. zu besprechen und im besten Falle abschließen zu können (vgl. T1, S. 6; T2, S. 6; T3, S. 2f, S. 9; T4, S. 4, S. 6; T8, S. 4). Auch sind die Erwartungen dahingehend, dass Missverständnisse bzw. Verständnisprobleme geklärt werden und ein Austausch untereinander möglich ist (vgl. T3, S. 2f; T4, S. 4; T5, S. 6; T6, S. 3, S. 5; T7, S. 7; T8, S. 2). So gilt: „Eine gelungene Supervision gestaltet sich für mich, wenn ich aus der Supervision hinausgehe und mir denke: ja, das passt gut! Wenn ich das Gefühl habe, ich habe meine Themen, ich habe meine Wünsche, meinen Ärger ansprechen können, die sind ernst genommen und teilweise auch besprochen worden und ich auch so das Gefühl hatte, dass mich meine Kollegen verstehen und dass sie mich auch für voll nehmen, sag ich einmal so, und die Themen die ich wollte sind erledigt oder abgehackt". (T7, S. 6)
Wichtig in diesem Zusammenhang des Abschlusses von Themen und Konflikten scheint aber auch, dass sich der Supervisor bzw. die Supervisorin im Notfall flexibel genug präsentiert den Supervisionsprozess zu verlängern falls etwaige Themen aufbrechen (vgl. T3, S. 9; T6, S. 6).

5.6.3. Ein Anspruch der Gefühlsebene

Auch hinsichtlich des Ergebnisses mit einem „guten Bauchgefühl" aus der Supervision hinaus zu gehen, sind sich alle befragten Supervisandinnen einig, was somit eine wesentliche Rolle spielt (vgl. T1, S. 5; T2, S. 6, S. 11; T3, S. 3, S. 5; T4, S. 6; T5, S. 3f, S. 7; T6, S. 5-7; T7, S. 6; T8, S. 2, S. 4f). Als Beispiel hier wäre zu nennen: „Das Gefühl ist so wichtig für mich, dass ich mit einem guten Gefühl hinausgehen kann". (T7, S. 6). Oder beispielsweise „Die ganze Situation wird reflektiert und damit geht man viel leichter aus der Situation hinaus, oder aus dem Dienst, oder man arbeitet wieder viel leichter". (T8, S. 2) Ebenfalls wird von den **Interviewpartnerinnen E** und **B** ein Gefühl der Hoffnung beschrieben und ein Gefühl, seine Energien wieder aufgeladen zu bekommen (vgl. T2, S. 13; T5, S. 3).

5.6.4. Neue Ansätze erkennen

Auch das Erlangen von neuen Ansätzen, um diese wiederum in den Arbeitsalltag einfließen lassen zu können, ist ein Anliegen an den Supervisionsprozess (vgl. T1, S. 6; T2, S. 5; T3, S. 5; T4, S. 6; T5, S. 3; T6, S. 5; T7, S. 3; T8, S. 3, S. 5f).

5.6.5. Ballast ablegen

Eine Entlastung, etwas hinter sich zu lassen, etwas aussprechen und somit drückenden Ballast abzugeben, scheint ebenfalls hinsichtlich der erwünschten Ergebnisse von Supervisionsprozessen hoch im Kurs zu stehen (vgl. T1, S. 5; T2, S. 6, S. 13; T3, S. 3; T4, S. 6; T6, S. 5; T8, S. 3).

5.6.6. Ergebnis-, Lösungs- und Zielorientiert

Um ein Gelingen des gerade beschriebenen Abschlusses zu garantieren, scheint eine lösungs- und zielorientierte Arbeitsweise, wie sie laut den Erkenntnissen aus dem ersten Hauptteil eher den männlichen Supervisor zugeordnet wird, wohl unumgänglich. Die befragten Supervisandinnen äußern als Wunsch für eine gelungene Supervision, Lösungen als Ergebnis zu erhalten und fordern vom Supervisor bzw. der Supervisorin auch eine entsprechend schnelle und zielführende Arbeitsweise (vgl. T2, S. 3, S. 7, S. 12; T3, S. 3, S. 9, S. 11; T6, S.

5f; T8, S), wobei auch hier zu vermerken ist, dass primär die Ansichten des Teams in Ergebnissen und Lösungen vertreten sein sollen (vgl. T5, S. 9). Auch hinsichtlich der Ursachenforschung und dem schnellen Erkennen von Konflikten und Problemstellungen ist erwünscht: „Dass er [der Supervisor] sehr schnell auseinanderklauben kann, welche Ebenen spielen jetzt mit, welche Konfliktfelder habe ich gerade vor mir". (T2, S. 7) Dieser Ansicht zeigen sich auch die **Interviewpartnerinnen C, E** und **F** (vgl. T3, S. 5; T5, S. 3; T6, S. 6-7). Nicht erwünscht ist hingegen, dass Feindbilder geschaffen oder Konflikte unter Kollegen geschürt werden oder zwanghaft nach Problemfeldern gesucht wird, wobei alles zerredet wird und man nicht mehr weiß, worum es geht (vgl. T2, S. 7-9).

5.6.7. Eine gewisse Nachhaltigkeit

Eine gewisse Nachhaltigkeit und das Reflektieren sowie Evaluieren von Ergebnissen und Thematiken ist angebracht (vgl. T1, S. 7; T3, S. 11; T4, S. 8). Aber auch das Nachbetreuen von Supervisionsteilnehmerinnen und diese somit nicht im Regen stehen zu lassen ist hinsichtlich einer erwünschten nachhaltigen Arbeitsweise gefordert (vgl. T3, S. 9), wobei auch längerfristige Wirkungen des Supervisionseffektes als eine präsent erscheinende Gegebenheit angesprochen werden (vgl. T1, S. 5, S. 10) wie beispielsweise: „Wenn eine Supervision gut gelingt, dann ändert sich im Team auch etwas zu der Sache jetzt und in der Zusammenarbeit. Das erlebt man auch immer wieder". (T5, S. 4)

5.6.8. Fachlichkeit und Kompetenz erwerben

Gerade wenn man einen Blick auf die beiden **Interviewpartnerinnen E** und **F** mit Leitungsfunktion im Jugendwohlfahrtsbereich wirft, kommt zum Vorschein, dass diese in ihren Erwartungen auch das Erwerben von fachlicher Kompetenz und Information einschließen (vgl. T3, S. 3; T5, S. 2, S. 6; T6, S. 3, S. 12).

5.6.9. Eigeninitiative der Supervisandin

Als problematisch schildert **Interviewpartnerin E**: „Wenn du als Leiter in der Teamsupervision bist, ist es auch immer schwierig, wie weit bringst du dich ein und wie weit hältst du dich zurück", (T5, S. 9) wobei es damit in Verbindung zu bedenken gibt: „Letztlich hängt es immer von mir ab, wie weit eine Supervision gelingt". (T5, S. 8) Und auch **Interviewpartnerin H** äußert eine gewisse Eigeninitiative an den Tag legen zu müssen, um die Supervision als gewinnbringend für sich nützen zu können (vgl. T8, S. 5).

5.7. Der „perfekte" Prozessbegleiter bzw. die „perfekte" Prozessbegleiterin

In dieser Kategorie sollen die Vorstellungen der befragten Supervisandinnen hinsichtlich einer entsprechenden Begleitung im Supervisionsprozess durch sowohl einen männlichen Supervisor als auch durch eine weibliche Supervisorin angeführt werden und erwünschte Qualifikationen, Kompetenzen sowie Verhaltensweisen genannt werden. Einen entsprechenden Abgleich bietet das Kapitel *1.5. Der Auswahlprozess* bis hin zu Kapitel *1.5.4 Frauen in der Rolle der Supervisorin*. Ebenso kann eine Gegenüberstellung mit dem Abschnitt *II. Was Mann und Frau betrifft* von Bedeutung sein.

5.7.1. Qualifikation und Kompetenzen einer Prozess begleitenden Person

Zusammengefasst sollen nun die erwünschten sowie für gut befundenen Qualitäten und Kompetenzen beschrieben werden. Grundsätzlich soll der Supervisor bzw. die Supervisorin über eine entsprechende Fachkompetenz (vgl. T1, S .8; T2, S. 12f; T3, S. 10; T4, S. 10; T5, S. 5, S. 10, S. 16; T6, S. 3, S. 6, S. 8, S. 10-12; T8, S. 9), aber wie in einigen Fällen genannt auch gerade für die Durchführung von Fallsupervisionen über eine entsprechende Feldkompetenz (vgl. T2, S. 3f, S. 11; T3, S. 9; T5, S. 3f; T6, S. 6, S. 10, S. 12), wie auch über eine soziale Kompetenz allgemein (vgl. T2, S. 12) verfügen. **Interviewpartnerin A** nennt wiederum die von den meisten anderen Befragten als positiv honorierte Feldkompetenz als nicht notwendig (vgl. T1, S. 8).

5.7.2. Der Supervisor bzw. die Supervisorin als neutrale Person

Ganz wichtig ist es, dass der im Prozess stehende Supervisor bzw. die Supervisorin als neutrale Person wahrgenommen werden kann und seine bzw. ihre Funktion dahingehend auch erfüllt (vgl. T2, S. 11; T5, S. 10; T3, S. 4, S. 6, S. 9; T4, S. 7, S. 10f; T6, S. 6; T8, S. 8).

Als erwünschte Voraussetzung zählt, dass der Supervisor bzw. die Supervisorin eine neutrale externe Person und somit von außerhalb der eigenen Organisation kommend, darstellt (vgl. T2, S. 11; T3, S. 4; T4, S. 5, S. 10; T5, S. 4).

So gilt als positiv: „Wenn er einfach wirklich das Gefühl vermitteln kann, dass er sehr neutral und zielorientiert arbeitet". (T2, S. 7) So soll der entsprechende Supervisor bzw. die entsprechende Supervisorin das ganze Geschehen neutral sehen, keine Partei ergreifen oder den Prozess manipulieren bzw. in eine Richtung lenken (vgl. T4, S. 7). Er soll unparteiisch, wertfrei und vor allem nicht belehrend agieren (vgl. T3, S. 6; T4, S. 10; T5, S. 10f).

Interviewpartnerin F und **H** äußern, dass sie männliche Supervisoren in ihrer Haltung als neutraler wahrnehmen als deren weibliche Kolleginnen (vgl. T6, S. 9; T8, S. 11). Auch ein privater Kontakt zum Supervisor bzw. der Supervisorin soll tunlichst vermieden werden (vgl. T5, S. 13), sowie der Umstand, dass der Teamsupervisor bzw. die Teamsupervisorin auch Teilnehmer aus dieser Gruppe im Einzelsetting begleitet (vgl. T2, S. 12; T6, S. 10). Hinsichtlich der Gegebenheit einer Fallsupervision scheint, dass besonders hier ein strukturelles neutrales und zielorientiertes Handeln erwünscht ist (vgl. T2, S. 9), was in Verbindung mit den angeführten Erkenntnissen aus den Kapiteln *1.5.3. Männlicher Supervisor bevorzugt* und *2.5. Geschlechterrollen und Stereotype* des ersten Hauptteils darauf schließen lässt, dass sich für diese Aufgabe ein männlicher Supervisor als prädestiniert zeigt.

5.7.3. Es muss „passen"

Sechs der befragten Supervisandinnen ist der Umstand eines für sich persönlich, aber auch für das Team (vgl. T1, S.8; T6, S. 4, S. 7, S. 10; T8, S. 5, S. 9) und die Gruppe (vgl. T4, S. 10) „passenden" Auftretens wichtig.

Besonders den **Interviewpartnerinnen A, B, E** und **F** ist es aus ihrer Leitungsfunktion heraus sehr wichtig, dass dieser Umstand - hinsichtlich einer gewinnbringenden Prozessbegleitung im Teamsupervisionsprozess - gegeben ist (vgl. T1, S. 6, S.8; T2, S. 3, S. 7; T5, S. 2; T6, S. 5). Laut **Interviewpartnerin C** soll der Prozessbegleiter bzw. die Prozessbegleiterin: „Normal und offen in die Gruppe gehen, sich vorstellen und man merkt einfach, dass derjenige das gerne macht. Wenn einer jetzt schon ängstlich hineingeht, das merkst du gleich und dann kannst du es auch vergessen". (T3, S. 9) So wird verlangt, dass der Supervisor bzw. die Supervisorin nicht über den Dingen steht (vgl. T1, S. 8; T3 S. 9), sich gut auf das Team einstellen kann (vgl. T8, S. 9; T2, S. 11) und ein entsprechend ähnliches Denken und ähnliche Prinzipien vertritt (vgl. T2, S. 4; T5, S. 13), wobei ein zu starkes Anpassen an die Gruppe, um zu entsprechen oder um seinen Auftraggeber nicht zu verlieren, nicht erwünscht ist (vgl. T3, S. 12).

So soll der Supervisor bzw. die Supervisorin: „Nicht nur gescheit reden, sondern wirklich drinnen stehen in der Gruppe und als Mensch spürbar sein". (T3, S. 6) Ebenfalls wird der Aspekt der Menschlichkeit stark in den Vordergrund gebracht (vgl. T1, S. 8f; T3, S. 9f; T8, S. 9). Zur Abnahme des Kriteriums „ob es passt", wird meist eine „Schnuppersupervision" in Anspruch genommen (vgl. T1, S. 6, S. 8; T5, S. 14-16; T8, S. 9). Auch hierbei wird wieder die Empfindung als Wahrnehmung der Voraussetzung des „es passt" genannt (vgl. T1, S. 8; T8, S. 9).

Hinsichtlich der Fragestellung dieser Arbeit wird von **Interviewpartnerin H** geäußert: „Mann - Frau ist für uns schon auch ein Thema gewesen, weil wir eben eine Frau gehabt haben und die nicht so gut ins Team gepasst hat oder eben nicht so gut auf den Punkt gekommen ist". (T8, S. 9) Hinzufügend möchte ich noch anführen, dass sich die **Interviewpartnerinnen A** und **B**, die beide eine Leitungsfunktion in der Behindertenhilfe bekleiden dazu geäußert haben, dass für sie ein Supervisor bzw. eine Supervisorin selbst keine gescheiterte Existenz haben und mit beiden Beinen im Leben stehen soll (vgl. T1, S. 8; T2, S. 7).

5.7.4. Empathie

Ebenfalls ist den Supervisandinnen die Empathie und eine damit in Verbindung zu bringende Wahrnehmung und ein Gespür seitens des Supervisors bzw. der Supervisorin wichtig (vgl. T3, S. 6f; T5, S. 6, S. 8, S. 10; T6, S. 7; T7, S. 7) sowie die Vermittlung von Verständnis (vgl. T1, S. 8; T4, S. 10), wobei der Supervisor bzw. die Supervisorin selbst nicht - wie in der Kategorie Distanz bereits angeführt - in die Emotion kippen sollte (vgl. T5, S. 10). Es soll

Wahrgenommenes vom Supervisor bzw. der Supervisorin angesprochen werden (vgl. T3, S. 9; T5, S. 6; T7, S. 7), wobei verlangt wird: „Die Sensibilität, dass er wirklich ein gutes Gespür hat, dass er das Gefühl gut aufnehmen kann, dass er dich ernst nimmt und dass er wirklich das Gespür hat, was alle Betreuer, alle Kollegen irgendwie sagen möchten oder weitergeben möchten, also dass er das alles auf einen Punkt bringt". (T7, S. 7)

Interviewpartnerin F äußert hierbei in Bezug auf die Wahrnehmung eines geschlechtlichen Unterschiedes, dass sich Frauen besser einfühlen können und empathischer erscheinen (vgl. T6, S. 9).

5.7.5. Vornehme Zurückhaltung

Ein weiterer Punkt, der von den befragten Supervisandinnen als vorteilhaft erwähnt wird, ist jener einer zurückhaltenden beobachtenden Art. So soll der Supervisor bzw. die Supervisorin sich zurücknehmen und darauf achten, dass die TeilnehmerInnen des Supervisionsprozesses selbst aus ihren Ressourcen heraus an ihren Problematiken arbeiten (vgl. T3, S. 11; T5, S. 9), wobei der Supervisor bzw. die Supervisorin dazu angehalten wird, unterstützend aufzutreten (vgl. T3, S. 11).

Der Supervisor bzw. die Supervisorin soll einen guten Zuhörer bzw. eine gute Zuhörerin darstellen (vgl. T7, S. 7) und sich mit der Äußerung von eigenen Meinungen zurückhalten (vgl. T1, S. 9; T5, S. 4, S. 6; T8, S. 7), wobei bei **Interviewpartnerin C** wiederum ein anderwärtiges Verhalten erwünscht ist (vgl. T3, S. 11). So ist es unangemessen, wenn: „Ein Supervisor einfach viel redet und wenig zuhören kann". (T7, S. 7)

Mit einer zurücknehmenden Art und Weise wird auch eine erwünschte ruhige Art und weiterführend eine ruhige Atmosphäre als positiv erwähnt (vgl. T1, S. 8; T4, S. 6f, S. 12; T5, S. 11), wobei ein übertriebenes Harmoniebedürfnis - das **Interviewpartnerin E** bei einer weibliche Supervisorin wahrnehmen konnte - und eine konfliktscheue Art diesen Umständen nicht entsprechen (vgl. T5, S. 9, S. 17).

5.7.6. Engagement

Ein entsprechendes Engagement ist ebenfalls Voraussetzung für einen als gut laufend zu bezeichnenden Supervisionsprozess (vgl. T1, S. 8; T6, S. 6). Der Supervisor bzw. die Supervisorin sollte Spaß daran haben, mit den TeilnehmerInnen zu arbeiten (vgl. T3, S. 10) und ein Interesse am zu supervidierenden Arbeitsfeld zeigen (vgl. T5, S. 6f; T7, S. 12). Der Supervisor bzw. die Supervisorin sollte eine gewisse Ernsthaftigkeit an den Tag legen (vgl. T1, S. 8), so dass Dinge, die vereinbart wurden auch eingehalten werden (vgl. T6, S. 10f), wobei hier die **Interviewpartnerinnen B** und **F,** die beide ihre Leiterfunktion nach dem Gendermainstream antraten, die Pünktlichkeit als wichtige Eigenschaft erwähnen (vgl. T2, S. 7f, T6, S. 7). **Interviewpartnerin B** gibt auch zu bedenken, dass ein unangebrachtes Überengagement vermieden werden soll (vgl. T2, S. 12).

5.7.7. Distanz

Auch hinsichtlich der Begrifflichkeit der Distanz, die im ersten Hauptteil - und hier im Speziellen unter den Kapiteln *1.5.2. Ein Blick auf den männlichen Supervisor* und *1.5.3. Männlicher Supervisor bevorzugt* - erläutert wird, wird diese eher als ein männliches Attribut dargestellt. Die Gegebenheit der „Distanz" und die Wahrnehmung dahingehend, beeinflusst sowohl den Auswahlprozess als natürlich auch den späteren Umgang miteinander und wird im Normalfall als eine erwünschte Umgangsform im Supervisionsprozess von den **Interviewpartnerinnen C**, **E** und **F** dargestellt (vgl. T3, S.12; T5, S. 4, S. 10, S. 13, S. 17; T6, S. 8f, S. 12, S. 14). So zählt: „Wenn ich mich entscheiden müsste zwischen einem Supervisor, der eher um Objektivität und Distanz bemüht ist, um da nicht irgendwo hineinzukommen, ich rede jetzt von der Teamsupervision und einem anderen, der irgendwo bemüht ist Teil des Teams zu sein, der eher so einfließt, dann entscheide ich mich eher für den Distanzierten". (T5, S. 10) Speziell **Interviewpartnerin E** konnte auch bei Supervisionsprozessen mit einem männlichen Supervisor feststellen, dass dieser die Distanz nicht immer wie erwünscht eingehalten hat (vgl. T5, S. 12, S. 17), wobei **Interviewpartnerin F**, die ebenfalls als Leitung im Jugendwohlfahrtsbereich tätig ist, erkennen konnte, dass männliche Supervisoren eher als ihre weiblichen Kollegen eine entsprechende Distanz wahren (vgl. T6, S. 9). **Interviewpartnerin C** äußert hinsichtlich ihrer Erfahrungen bezüglich Distanz: „Wie gesagt, die Karin war da viel offener, ehrlicher. Was ich bei den Männern eben nicht gesehen hätte, aus Angst es könnte negativ für sie werden, wenn sie so direkt sind, dass man sagt okay, den wollen wir nicht mehr". (T3, S. 12)

5.7.8. Kommunikation

Der Punkt der Kommunikation, der sich mit Sicherheit auch schon in so manchen bereits genannten und noch kommenden Kategorien einbringen lassen kann, wird ebenfalls angesprochen (vgl. T6, S. 12). Dabei wird besonders von **Interviewpartnerin D** die Qualität eine Supervision gut moderieren und Gespräche gut leiten zu können als sehr positiv hervorgehoben (vgl. T4, S. 7, S. 11). So sollte sich der Supervisor bzw. die Supervisorin als kommunikativ und umgänglich zeigen (vgl. T6, S. 6, S. 11), Bezug auf bereits Erwähntes nehmen (vgl. T4, S. 8), die Teilnehmer und Teilnehmerinnen aussprechen lassen (vgl. T4, S. 7) und keine hochkomplizierte Sprachweise verwenden (vgl. T6, S. 6f).

5.7.9. Man soll objektiv sein

Auch die Eigenschaft von Objektivität ist eine, die im Supervisionsprozess besonders seitens des Supervisors bzw. der Supervisorin vorherrschen sollte (vgl. T3, S. 6, S. 9; T5, S. 6, S. 10).

5.8. Dem Geschlecht nach

Es gilt zu erwähnen, dass fünf Interviewpartnerinnen (**Interviewpartnerin B, C, D, G und H**) - überwiegend Supervisandinnen, die keine Leitungsfunktion verrichten - zumindest vorweg keinen Unterschied hinsichtlich der Geschlechtlichkeit des Supervisors bzw. der Supervisorin wahrnehmen können (vgl. T2, S. 14f; T3, S. 9f; T4, S. 7f, S. 9f, S. 13f; T7, S. 8, S. 13; T8, S. 9). Es werden somit klare Aussagen getroffen, wie: „Das Geschlecht hat für mich keinen Unterschied gemacht, absolut nicht", (T2, S. 8) oder: „Nein, ich habe über so etwas noch nie nachgedacht. Darauf werde ich zum ersten Mal aufmerksam gemacht, ob eigentlich ein Unterschied zwischen männlicher und weiblicher sein könnte, habe ich noch nie darüber nachgedacht, muss ich ehrlich sagen". (T2, S. 14) Abgesehen von den gerade dargebotenen Aussagen, gibt es auch jene, die einen Unterschied erkennen lassen (vgl. T3, S. 6, S. 13; T5, S. 12, S. 18; T6, S. 9; T8, S. 8, S. 10), wie beispielsweise: „Man hat Burschen und Mädchen in der Gruppe, man hat Männer und Frauen im Team und ich finde es ganz gut, weil grundsätzlich glaube ich schon, dass Männer und Frauen unterschiedliche Sachen hereinbringen". (T5, S. 15) So wird auch festgestellt, dass Männer und Frauen einen unterschiedlichen Umgang mit Konflikten und Feedback haben (vgl. T6, S. 7) und weibliche Gruppen oft persönlicher agieren, wobei sich bei Männern Konflikte leichter ausreden lassen und diese schneller einen Abschluss finden (vgl. T6, S. 7). Auch die Aussage, dass männliche Supervisoren rücksichtvoller mit gegengeschlechtlichen Supervisionsteilnehmerinnen umgehen (vgl. T2, S. 12), sich neutraler präsentieren und Distanz bewahren (vgl. T6, S. 9, S. 14) sowie klarer und strukturierter in ihren Aussagen und ihrer Denkweise sind (vgl. T7, S. 12), trägt zu einer geschlechtsspezifischen Wahrnehmung bei. Supervisorinnen hingegen werden - auch entsprechend den Erkenntnissen des ersten Hauptteils dieser These nach - als gefühlvoller emotionaler und sprachlich ausführlicher beschrieben (vgl. T7, S. 12). Sie können bei intensiven frauenspezifischen Thematiken die Gefühle einer Frau besser deuten (vgl. T6, S. 14), wovon Supervisionsteilnehmerinnen profitieren können (vgl. T3, S. 7; T6, S. 14). So gilt: „Eine Frau hat vielleicht was weibliche Logik, weibliche Denkstrukturen oder Empathie betrifft mehr, sodass eine Frau sich so leichter einfühlen kann wie ein Mann. [...]. Bei einer Frau, dass es schneller emotionaler wird". (T6, S. 9)

Grundsätzlich hängt es aber vom speziellen Bedürfnis der zu supervidierenden Person oder Gruppe ab, welche Geschlechtlichkeit des Supervisors bzw. der Supervisorin in Anspruch genommen wird (vgl. T6, S. 14; T8, S. 9), wobei sich laut **Interviewpartnerin F** eine entsprechende Fachlichkeit so darstellen sollte, dass es keinen Unterschied gibt (vgl. T6, S. 14). Demnach tut sich - besonders hinsichtlich der Fragestellung und der Relevanz dieser Masterthese - die Frage auf, ob die Annahme einer „Gleichheit" ohne feststellbare Unterschiede überhaupt wünschenswert und gewinnbringend ist, oder ob es nicht doch profitabel sein kann - wie beispielsweise im Kapitel *1.5.2. Ein Blick auf den männlichen Supervisor* beschrieben - einen gegengeschlechtlichen Supervisor zu akquirieren. Geäußert wird in diesem Zusammenhang: „Mann und Frau, alleine von der Rolle her vom Geschlecht ist es einfach das andere Geschlecht". (T6, S. 9) Jeder Mensch reagiert - ob bewusst oder unbewusst - unterschiedlich auf Geschlechtlichkeit (vgl. T5, S. 18; T8, S. 9). So gilt: „Jeder Supervisor bringt seine Persönlichkeit ein und es spielt auch eine Rolle, ob es ein Mann oder eine Frau ist. Ich kann mir nicht vorstellen, dass man das ausschalten kann". (T5, S. 18) Zu erwähnen scheint, dass sich der Supervisor bzw. die Supervisorin im Prozess seiner bzw. ihrer

Geschlechterrolle bewusst sein sollte (vgl. T5, S. 12). Damit in Verbindung zu setzten wäre, dass ein kommunikativer Typ auf beide Geschlechter gut zugeht (vgl. T6, S. 14).

Besonders **Interviewpartnerin H** erwähnt deutlich, dass es gerade in Teams mit vielen Frauen etwas ausmacht, ob eine Frau oder ein Mann als Supervisor bzw. Supervisorin kommt (vgl. T8, S. 11). Sie beschreibt, dass sie wie das Team auch mit der letzten Supervisorin nicht zufrieden war und deshalb im Weiteren ein männlicher Supervisor als Alternative bevorzugt worden ist (vgl. T8, S. 10). Ebenso meint sie, bei einem männlichen Supervisor immer mehr an ihr Ziel gekommen zu sein und entsprechende Ideen entwickelt zu haben (vgl. T8, S. 11). Interessant ist in diesem Zusammenhang die Aussage von **Interviewpartnerin E,** die feststellt, dass sich männliche Supervisoren deutlich länger als ihre weiblichen Kolleginnen im weiblichen Team gehalten haben (vgl. T5, S. 17).

Als dritte Variante wären hier noch relativierende Aussagen, die von den Interviewpartnerinnen getroffen wurden zu beschreiben. So wird erwähnt: „Wenn es ein guter Supervisor ist, ist es egal, ob Mann oder Frau". (T7, S. 13) **Interviewpartnerin B** und **D** erwähnen, nur schwer einen direkten Vergleich zwischen Supervisor und Supervisorin anstellen zu können, weil sich das Setting immer verschieden darstellt und nur schlecht vergleichen lässt (vgl. T2, S. 8; T4, S. 12). Grundsätzlich hat man die Supervisionen mit einer Supervisorin oder mit einem Supervisor aber gut in Erinnerung (vgl. T4, S. 12) bzw. werden dort und da gelungene und weniger gelungene Supervisionen wahrgenommen (vgl. T5, S. 12).

Passend zu den aufgearbeiteten Ergebnissen des im ersten Hauptteil angeführten Abschnittes *III. Was Mann und Frau betrifft* wird die Aussage getätigt: „Es gibt auch unter Männern gewaltige Unterschiede, genauso wie unter Frauen. Manche Frauen haben mehr männliche Anteile und Männer haben auch viele weibliche, aber ich glaube schon, dass es einen Unterschied grundsätzlich gibt". (T5, S. 16) So kann keine klare Linie gezogen werden (vgl. T5, S. 17).

5.8.1. Akzeptanz

Hinsichtlich der Begrifflichkeit von Akzeptanz, möchte ich die Auswertung der Ergebnisse wie folgt darstellen.

Im Allgemeinen sind sich alle Interviewpartnerinnen darüber einig, dass Akzeptanz eine Grundhaltung beschreibt, in der ich mein Gegenüber wertschätze und so annehme wie es ist (vgl. T1, S. 3; T2, S. 9; T3, S. 7; T4, S. 8; T5, S. 13; T6, S. 8; T7, S. 8; T8, S. 7). Sechs der befragten Supervisandinnen (**Interviewpartnerin A, B, C, D, E** und **F**) fühlen sich von einem männlichen wie auch einem weiblichen Supervisor gleichermaßen wahrgenommen (vgl. T1, S. 9; T2, S. 8; T3, S. 7; T4, S. 9; T5, S. 13; T6, S. 8; T7, S. 8).

Interviewpartnerin E äußert, dass sie sich bei ihrem männlichen Prozessbegleiter, der als Grundprofession eine Therapeutische Ausbildung besitzt, mehr in der Emotion wahrgenommen fühlt, während sie sich im Coaching bei einer Supervisorin eher in ihrer Funktion als Leitung wahrgenommen fühlt. Grundsätzlich sieht sie jedoch keinen Unterschied rein auf die Geschlechtlichkeit bezogen (vgl. T5, S. 13).

Die restlichen zwei **Interviewpartnerinnen C** und **H** wiederum artikulieren, dass sie einen Unterschied festmachen können (vgl. T3, S. 13; T8, S. 7) wie beispielsweise: „Es macht ja bei manchen was aus, ob jetzt einer jung ist oder alt ist. Es gibt ja Leute, die Junge überhaupt nicht akzeptieren können, dann ist es beim Geschlecht wahrscheinlich auch so". (T3, S. 13)

5.8.2. Methodenwahl, Vielfalt und Arbeitsinhalte

Unter dieser Kategorie sollen etwaige Methoden und Arbeitsinhalte angeführt werden, die von den interviewten Supervisandinnen als unterstützend wahrgenommen werden. Es sollen sich Vorlieben herauskristallisieren und im Abgleich mit den Abschnitten *I. Supervision* und *II. Was Mann und Frau betrifft* aus dem ersten Hauptteil Unterschiede in den Arbeitsweisen und Arbeitsinhalten hinsichtlich der Geschlechtlichkeit des Supervisors bzw. der Supervisorin zeigen. Im Allgemeinen scheint eine entsprechende Methodenkenntnis und Methodenvielfalt eine Grundvoraussetzung, vor allem für die im sozialen Arbeitsfeld der Jugendwohlfahrt tätigen **Interviewpartnerinnen E, F** und **H** und überlappend auch für drei befragte Personen in Leitungsfunktion (**Interviewpartnerin B, E** und **F**), zu sein, um einen gelungenen Supervisionsprozess leisten zu können (vgl. T2, S. 14; T5, S. 6; T6, S. 3; T8, S. 10). Wobei nicht minder wichtig ist: „Also, wenn ein Supervisor oder Supervisorin über mehr Methoden verfügt und auch spürt, was der oder diejenige gerade braucht". (T5, S. 6) So muss sich die Methodenauswahl auch an die Vorstellungen der Supervisionsteilnehmerinnen angepasst zeigen (vgl. T5, S. 6, S. 9; T6, S. 12f; T8, S. 3, S. 9, S. 11). Es präsentieren sich die Vorlieben der einzelnen Supervisandinnen hinsichtlich ihrer gewünschten Methoden und Interventionen sehr unterschiedlich. So wird wiederum von den beiden **Interviewpartnerinnen E** und **F** beschrieben, dass verschiedene Methoden es ermöglichen, sich Inhalte anders anzusehen (vgl. T5, S. 16; T6, S. 3) und eine Methodenvielfalt nicht am Alter des Supervisors bzw. der Supervisorin festzumachen ist (vgl. T6, S. 13).

Grundsätzlich wird angenommen, dass jeder Supervisor wie auch jede Supervisorin über mehrere Methoden verfügt, die er mehr oder weniger nützt (vgl. T8, S. 5). Als Beispiel können hier Methoden wie Aufstellungsarbeit, Einzel- und Gruppenselbsterfahrung durch Beobachtung, Teamstrukturen visualisieren, kreative Methoden und Kleingruppenarbeit genannt werden (vgl. T6, S. 12).

Für die **Interviewpartnerinnen B, C, F** und **G** zeigen sich besonders kreative Methoden bei denen man eventuell selbst aktiv ins Tun kommt als angebracht (vgl. T2, S. 13f; T3, S. 4, S. 11; T6, S. 3f; T7, S. 11). So werden hierbei im Speziellen Methoden und Interventionen wie Aufstellungs- und Positionsarbeit angeführt (vgl. T3, S. 3, S. 11; T4, S. 13; T5, S. 6, S. 16; T6, S. 4), wobei **Interviewpartnerin B** und **H** komplementär zu diesen ihren Aussagen auch anführen, diese Richtung für sie selbst als weniger gewinnbringend zu erleben (vgl. T2, S. 12; T8, S. 11). Hierzu äußert beispielsweise **Interviewpartnerin G**: „[…], oder eine Phantasiereise, das war auch ganz nett. War angenehm, aber gewinnbringend?" (T7, S. 11)

Dafür nennen die **Interviewpartnerin B** und **H** wie teilweise auch **Interviewpartnerin G**, dass sie mit der Fragestellung als Intervention und einem entsprechenden Gespräch vollauf zufrieden sind (vgl. T2, S. 12, S. 14; T7, S. 11; T8, S. 6, S. 10).

Interviewpartnerin E und **F**, beide in einer Leitungsfunktion der Jugendwohlfahrt tätig, schildern, dass Gespräche alleine zu wenig sind (vgl. T5, S. 6, T6, S. 13). Beispielsweise wird davon gesprochen: „Also, wenn der Supervisor über keine Methoden verfügt, sondern rein nur das Gespräch läuft, finde ich das schade". (T5, S. 16)

So ist als weitere Methode von drei Interviewpartnerinnen (**Interviewpartnerin B, C** und **F**) das Beobachtet Werden - und hier im Besten Falle gleichzeitig von einem Supervisor und einer Supervisorin im Doppelpack - und ein anschließendes Reflektieren bzw. eine Feedbackrunde als eine überaus gewinnbringende Intervention genannt worden. (vgl. T2, S. 12; T3, S. 11f; T6, S. 4). Besonders dienlich scheint auch die Inanspruchnahme einer visualisierenden Methode (vgl. T5, S. 16; T6, S. 4, S. 13). Auch die Methode der Spiegelung findet bei zwei befragten Supervisandinnen Anklang (vgl. T2, S. 5f; T3, S. 5, S. 12).

Einig waren sich **Interviewpartnerinnen A, E** und **H** darüber, dass die Methode jedenfalls so angelegt sein muss, dass die Teilnehmerinnen Ergebnisse selbst erarbeiten. (vgl. T1, S. 5; T5, S. 7, S. 9; T8, S. 4). So soll die Supervision kein Vortrag seitens des Supervisors bzw. der Supervisorin sein (vgl. T3, S. 5; T4, S. 3, S. 9).

Interviewpartnerin E wünscht sich, dass Methoden angewandt werden, die das Unterbewusstsein ansprechen (vgl. T5, S. 6).

Auch wird angesprochen, dass ein guter Einstieg in den Supervisionsprozess (vgl. T6, S. 6; T8, S. 2, S. 10) genauso wie eine gemeinsame Themenwahl im Mehrpersonensetting (vgl. T5, S. 16; T8, S. 10), und ein entsprechender Abschluss durch eine Abschlussrunde als wichtig zu erachten ist (vgl. T4, S. 12).

5.8.3. Geschlechtsspezifische Unterschiede in der Arbeitsweise

Bezüglich einer unterschiedlichen Wahrnehmung von Arbeitsmethoden die von weiblichen und männlichen Supervisoren angewandt werden, werden hier die Ergebnisse aus meinen ausgewerteten Interviews präsentiert.

Männliche Supervisoren werden von allen in der Jugendwohlfahrt tätigen **Interviewpartnerinnen E, F, G** und **H** in ihrer Methodenwahl als eher einseitig beschrieben, diese wählen meist die Methodik der Gesprächsführung und der Fragestellung als Intervention (vgl. T5, S. 17; T7, S. 11f). Dabei wird ihnen aber schnelle Auffassungsgabe (vgl. T8, S. 11), viel an Klarheit und Strukturiertheit attestiert (vgl. T8, S. 11). Ein grundlegendes Beispiel wäre dafür: „Ich habe bis jetzt Männer als sehr positiv empfunden, weil mir die Art oder vielmehr die Methoden von den Damen, die ich bis jetzt gehabt habe, nicht so gefallen haben. Das heißt, die waren oft nicht so klar für mich oder eben Methoden, wo man viel gezeichnet hat und das liegt mir nicht. Dann wurde darüber gesprochen und mir hat die Klarheit oft gefehlt. Ich glaube, dass unsere Männer, die wir bis jetzt hatten, viel klarer waren, viel bessere kurze Inputs gegeben haben und mich besser zum Nachdenken gebracht haben, wobei Frauen die ich bisher hatte, oft ein wenig schwammiger waren und für mich persönlich das dann nicht so klar war. Aber die Methodenvielfalt hatten eher die Damen, so wie zeichnen oder Aufstellungen. Die Männer hatten diese Methodenvielfalt bisher nicht so, obwohl ich das eigentlich jetzt nicht schlechter oder besser finde, es ist einfach ein anderer Input". (T8, S. 6)

Als ein weiteres Beispiel scheint auch nennenswert: „Wenn ich jetzt diese konkrete Dame hernehme, dann ist mir eigentlich schon ein bisschen die Wut gekommen, weil sie immer auf der Stelle getreten ist. Weil sie immer wieder angefangen hat mit dem und dem und dem tun wir und jetzt machen wir mal da eine Zeichnung. Und es ist nichts weitergegangen, es hat für uns nichts gebracht, für die Gruppe, weil sie glaube ich, ganz einen anderen Weg gegangen ist als wir ihn gewollt hätten". (T7, S. 12)

Für weibliche Supervisorinnen gilt, dass diese eine größere Methodenvielfalt repräsentieren als die männlichen Kollegen (vgl. T3, S. 11; T5, S. 17; T6, S. 13f; T8, S. 10f).

Auch hinsichtlich der Anwendung von kreativen Methoden, wie Phantasiereisen und malerischem Aufarbeiten, scheinen die weiblichen Supervisorinnen, wie auch in der Durchführung von Positionsarbeiten, die Nase vorne zu haben (vgl. T2, S. 6; T4, S. 13; T5, S. 6, S. 11; T7, S. 12). Hier ist anzuführen: „Die Frauen haben eine größere Methodenvielfalt gehabt. Männer waren mehr Beobachter oder einfach in der Runde, wo man sitzt und redet drüber. So eher kreativere Methoden, Aufstellungsarbeit oder so, habe ich bis jetzt nur von Frauen erlebt". (T6, S. 13)

5.8.4. Konkurrenzverhalten

Hinsichtlich der Wahrnehmung von Konkurrenzverhalten wird dieses von den **Interviewpartnerinnen C, D, E, F,** und **H** als spürbar beschrieben (vgl. T3, S. 7; T4, S. 8; T5, S. 11; T8, S. 7), wobei dies in zwei Fällen, speziell den Supervisionsprozess mit einem Mann betraf (vgl. T4, S. 8f; T5, S. 12). Hinsichtlich eines Konkurrenzempfindens im Falle einer weiblichen Supervisorin als Prozessbegleitung wird artikuliert: „Man schaut wahrscheinlich bei einer Supervisorin ganz anders hin. Weil ein Mann für mich neutraler ist als eine Frau. Vielleicht schaue ich dann schon wie die angezogen ist, wie sie auftritt, das ist es vielleicht". (T8, S. 11) Die **Interviewpartnerinnen F** und **H** bestätigen diese Annahme, dass besonders in Frauenteams ein Konkurrenzverhalten gegenüber einer weiblichen Supervisorin zu erkennen ist (vgl. T6, S. 7f; T8, S. 7).

Als weiterer Auslöser könnte sich verantwortlich zeigen: „Leiter im Sozialbereich halten sich ja selber oft für Experten auf dem Gebiet, also das ist dann schwieriger". (T5, S. 11) **Interviewpartnerin G** meint, absolut noch nie mit einem Supervisor oder einer Supervisorin in Konkurrenz getreten zu sein (vgl. T7, S. 8).

Ein weiterer Aspekt den die beiden **Interviewpartnerinnen E** und **F** als nennenswert finden, scheint die Thematik des Feedback-annehmen-Könnens zu sein. Wenn man Feedback seitens der Prozessbegleitung nicht annehmen oder sich nicht damit auseinandersetzen will, kann dies ein Konkurrenzverhalten entfachen (vgl. T5, S. 9, S. 14; T6, S. 8), wobei dies in Folge auch Respektlosigkeit oder ungerechte Behandlung hervorrufen kann (vgl. T6, S. 8). Wenn der Supervisor bzw. die Supervisorin schon lange mit dem Team arbeitet und es immer wieder Reibungspunkte gibt, wird ebenfalls ein konkurrierendes Verhalten wahrgenommen (vgl. T8, S. 7).

5.8.5. Erotische Komponente im Prozess

Anziehungskraft und erotische Spannungen im Supervisionsprozess und hier besonders zwischen weiblichen Supervisionsteilnehmerinnen und dem männlichen Supervisor, werden von den befragten Interviewpartnerinnen negiert. Aus den Erkenntnissen des Kapitels *1.7. Welche Rolle spielt Erotik in der Supervision?* heraus lässt sich erkennen, dass sich im Gegensatz zu den hier befragten Supervisandinnen, befragte Supervisoren und Supervisorinnen sich eindeutig dazu äußerten, sehr wohl eine erotische Spannung zwischen Supervisor bzw. Supervisorin und ihrem Gegenüber wahrnehmen zu können.

Einige Äußerungen der hier befragten Supervisandinnen wie beispielsweise jene von **Interviewpartnerinnen B, C, D, E** und **H** lassen aber zumindest auf gewisse Spannungsmomente hindeuten. So wird beispielsweise gesagt, dass gegenüber einem männlichen Supervisor ein tiefes Vertrauen (vgl. T2, S. 8) und durch seine einfühlsame Art ein gutes Gefühl spürbar werde (vgl. T4, S. 8, S. 11). Auch wird ein männlicher Supervisor als angenehm (vgl. T4, S. 3) und eine gewisse Zuneigung als hilfreich für den Prozess beschrieben (vgl. T5, S. 13). Klarere Aussagen trifft hierbei **Interviewpartnerin H**, die meint: „Ich glaube, dass es schwieriger ist, wenn es wirklich ein fescher Mann ist, oder einfach ein jüngerer. Ich glaube, dass es schwieriger wird, dass man über persönliche Probleme sprechen kann". (T8, S. 9) Auch fühlt sie sich von einem männlichen Supervisor präsenter wahrgenommen, wobei sie sich im Supervisionssetting mit weiblichen Supervisorinnen nur als eine von vielen wahrgenommen fühlt (vgl. T8, S. 8). Spannungsmomente von Anziehung spürt sie eher unter Teammitgliedern als dem Supervisor gegenüber (vgl. T8, S. 8).

Interviewpartnerin C fühlt Zuneigung eher gegenüber einer weiblichen Prozessbegleiterin (vgl. T3, S. 8) und meint ergänzend, dass viele Männer nichts dagegen hätten, wenn sie eine hübsche Supervisorin hätten (vgl. T3, S. 10).

Als absolutes Tabu, als riesiges Hindernis und als noch nie erlebt schildern **Interviewpartnerin E, F** und **H** aus dem Jugendwohlfahrtsbereich - wohl auch etwas widersprüchlich zu ihren anderen getätigten Aussagen hinsichtlich des Interviewverlaufes -

die Gegebenheit von erotischen Momenten sowohl im Einzel- als auch Mehrpersonensetting (vgl. T5, S. 14; T6, S. 9; T8, S. 9).

5.8.6. Machtverhältnisse

In diesem Abschnitt wird der Aspekt von Macht und Machtverhältnissen im Supervisionsprozess laut den Aussagen der befragten Supervisandinnen reflektiert. Abgewandelte oder etwaige Formen von Machtverhältnissen im Supervisionsprozess und im Speziellen zwischen den Teilnehmerinnen und der supervisorischen Begleitung werden von den **Interviewpartnerinnen B, D** und **E** wahrgenommen (vgl. T2, S. 8, S. 11; T4, S. 10f). So meint **Interviewpartnerin E** aus ihrer Leitungsfunktion heraus: „[…] wo auch ich irgendwas eingebracht habe und wo der Supervisor quasi gesagt hat, dass er das Gefühl gehabt hat, ich will jetzt quasi bestimmen, was da passiert. Das hat er mir auch rückgemeldet". (T5, S. 9)

5.9. Warum ein Mann als Prozessbegleiter?

Die für diese Arbeit äußerst relevanten Ergebnisse der durchgeführten Erhebung hinsichtlich des männlichen Supervisors als Prozessbegleiter, werden unter den nachfolgenden Kategorien angeführt. Es soll mittels der Aussagen der interviewten Supervisandinnen aufgezeigt werden, welche Vorzüge diese in Hinblick auf eine Supervisionsprozessbegleitung durch einen männlichen Supervisor ziehen konnten und sie schlussendlich dazu bewegt haben, diesen als Prozessbegleiter für sich in Anspruch zu nehmen. So werden von den weiblichen Supervisandinnen, neben etwaigen anderen individuellen Aspekten, vorrangig drei Schwerpunkte angegeben.

5.9.1. Die Kompetenz des männlichen Supervisors

Grundsätzlich wird es für gut geheißen, wenn die Gruppe geschlechtspraktisch durch gemischt ist, so ist es wohl auch von Vorteil, wenn in Teams mit vielen Frauen ein männlicher Supervisor als Begleiter tätig ist (vgl. T3, S. 13; T5, S. 15; T6, S. 7). Besonders wenn es um Fallsupervision geht, wenn es darum geht, Ideen, Ansätze und Lösungen zu erarbeiten, die die Arbeit und den Umgang mit männlichem Klientel betreffen, ist die männliche Kompetenz und Sichtweise - besonders auch hinsichtlich sexueller Aspekte - gefragt (vgl. T5, S. 12, S. 1f5;

T6, S. 11f; T7, S. 11; T8, S. 10). Beispielsweise erwähnt **Interviewpartnerin E**: „Es sind doch viele Frauen im Team [...] und ich habe schon das Gefühl gehabt er [der Supervisor] bringt schon das „Mann-Sein" auch hinein. Er versteht halt einfach auch die Burschen, das ist gerade für Frauen ein generelles Problem im gesamten Sozialbereich, wo natürlich viele Frauen da sind und die Sichtweisen der Frauen ganz stark dominant ist". (T5, S. 15)

Abgesehen von dem gerade Genannten wird beschrieben, dass ein männlicher Supervisor unter anderem für die möglicherweise wenigen Männer in einem zu supervidierenden Team eine Unterstützung darstellen könnte (vgl. T5, S. 15).

5.9.2. Der männliche Supervisor als Gegenpol

Hinsichtlich der Annahme eines zweigeschlechtlichen Verständnisses, wünschen sich vorrangig drei der befragten Supervisandinnen, die **Interviewpartnerinnen E, F** und **H**, einen männlichen Supervisor, der sowohl im Einzel- als auch im Gruppen- und Teamsetting einen Gegenpol im Supervisionsprozess darstellt (vgl. T5, S. 15f; T6, S. 11f; T8, S. 9-11).

Hierzu sind zwei Aussagen als Ankerbeispiele anzuführen, wie: „Die Fachkompetenz, einfach so die Distanz auf Frauen oder auf Konflikte und Beziehungen, die zwischen Frauen gelebt werden. Diese einfach vom anderen Geschlecht aus zu sehen oder betrachtet zu bekommen". (T6, S. 11f) Oder: „Ich glaube, wenn man Situationen bespricht, dann möchte man gerne die Meinung vom anderen Part, weil als Frau denkt man oft gleich oder man hat die gleichen Emotionen und denkt in die gleiche Richtung. Ein Mann ist oft sehr konträr, sodass einen das weiter bringt, glaube ich. Weil ich schon auf der Gefühlsebene bin und wenn das Gegenüber auch noch auf der Gefühlsebene ist, dann ist es schwieriger, als wenn man anders ins Ziel kommt. Ist mir persönlich bis jetzt so aufgefallen, einfach die konträrere Meinungen". (T8, S. 6f) Wobei zu bedenken gegeben wird: „Also umgekehrt denke ich mir, dass es auch bei Männern im Team vielleicht bestimmte Aspekte gibt, die von einer Frau anzunehmen wären, kann ich mir auch gut vorstellen". (T5, S. 16)

5.9.3. Anderwärtige Vorzüge

Als andere Vorzüge, die aus einer Begleitung durch einen männlichen Supervisor gezogen werden können, nennen die Supervisandinnen beispielsweise, dass das andere Geschlecht den Problemen wertfreier begegnet (vgl. T6, S. 7), der Humor in gemischtgeschlechtlichen Gruppen entsprechend gegeben ist (vgl. T6, S. 7) und das Feedback von Seiten eines männlichen Supervisors für Frauen leichter anzunehmen ist (vgl. T6, S. 12).

Interviewpartnerin H sagt, dass sie persönlich immer mehr an ihr Ziel gekommen ist bei einem männlichen Supervisor (vgl. T8, S. 11), wobei hier auch der von **Interviewpartnerin E** aufgeworfene Aspekt: „Ja es gibt sicher auch nach wie vor, so emanzipiert sind Frauen nicht, dass bei manchen Frauen der Mann eher als Autorität wahrgenommen wird, ich glaube dass das noch immer so ist zum Teil", (T5, S. 16) Einfluss nehmen könnte.

5.9.4. Vorzüge von männlichen Eigenschaften

Hier wird als besonders gewinnbringend eine strukturierte (vgl. T8, S. 5) klare Arbeitsweise mit klaren Linien verstanden (vgl. T6, S. 12; T8, S. 9, S. 11), die auch im ersten Hauptteil unter den Kapiteln *1.5.2. Ein Blick auf den männlichen Supervisor*, so wie *1.5.3 Männlicher Supervisor bevorzugt* wie auch im Abschnitt *II. Was Mann und Frau betrifft* beschrieben wird. Eben diese Klarheit, die der männliche Supervisor präsentiert, wird als enormer Vorteil beschrieben (vgl. T6, S. 12; T8, S. 8, S. 10f) und hat in etwa die Bedeutung von: „Das wiegt's, das hat's! Entweder ist es so oder es ist so". (T6, S. 12)

Auch die bereits unter den Kategorien *5.7.2. Der Supervisor bzw. die Supervisorin als neutrale Person* und *5.7.7. Distanz* angeführten Ergebnisse werden unter anderem mit den Attributen eines männlichen Supervisors in Verbindung gebracht (vgl. T6, S. 7, S. 9, S. 11f).

6. Zusammenfassung, Interpretation und Diskussion der Ergebnisse

Bevor diese Arbeit noch mit einem Schlusswort und Ausblick ein Ende findet, soll ein entsprechendes Resümee bezugnehmend auf die Ergebnisse - sowohl aus dem ersten Hauptteil als auch aus den gewonnenen Erkenntnissen der empirischen Erhebung - gezogen werden. Beginnend mit dem für Frauen als attraktiv dargestellten sozialen Arbeitsfeld lässt sich erkennen, dass sich die Gegebenheit bestätigt, Frauen finden in diesem Arbeitsfeld entsprechende Aufstiegsmöglichkeiten vor. Besonders die beiden bereits länger in diesem Bereich tätigen Frauen, die ihren Einstieg als Führungskraft vor dem Gendermainstream durchgeführt haben, können gegenwärtig auf eine hierarchisch höhergestellte Position als ihre Kolleginnen, die nach dem Gendermainstream den Einstieg gefunden haben, zurückgreifen. Alle Frauen in Leitungsfunktion sprechen davon, eine Begleitung durch Coaching in Anspruch zu nehmen. Hier ist auffallend, dass diese Supervisandinnen den Prozess zumindest auch durch einen männlichen Supervisor begleiten lassen, was Rückschlüsse auf die in Kapitel *1.5.3. Männliche Supervisoren bevorzugt* angeführten Theorien zulässt und wiederum eine Bestätigung der Arbeitsweise von männlichen Supervisoren unterstreicht.

Auch die im ersten Hauptteil unter dem Kapitel *2.6. Männer und Frauen im Supervisionsprozess* angeführte Nivellierung der Geschlechtlichkeit und eine androgyne Rollenannahme in Sozialberufen, scheinen zumindest vorweg teilweise präsent zu sein. So gibt es entsprechend einiger Aussagen keinen geschlechtlichen Unterschied in Bezug auf Wirkung, Einfluss, Tun und Schaffen zu vermerken. Diesen Aussagen nach spielt das Geschlecht des Supervisors bzw. der Supervisorin bei der Auswahl und im Prozess keine Rolle. Hinsichtlich der geschlechtsspezifischen Auswahl eines Supervisors oder eben einer Supervisorin zeigt sich, welche persönliche Meinung und Vorliebe die Supervisandin vertritt, wobei sich hier eine breitgefächerte Vielfalt, wie sie auch im ersten Hauptteil theoretisch beschrieben wird, präsentiert. Grundsätzlich lassen sich so nur schwer eindeutige Tendenzen erkennen, welches Geschlecht in Hinblick auf die Begleitung im Supervisionsprozess einen Vorzug findet. Immer wieder und auffallend deutlich wird jedoch die Klarheit, Strukturiertheit, Zielorientiertheit und eine entsprechende Distanz eines männlichen Supervisors - die auch in Kapitel *1.5.2. Ein Blick auf den männlichen Supervisor* beschrieben wird - in den Vordergrund gestellt. Auch die Sichtweise des anderen Geschlechts und das „nicht so stark in die Emotion kippen" wie es vielleicht einer gleichgeschlechtlichen Supervisorin passieren könnte, scheinen Beweggründe dafür zu sein, einem männlichen Supervisor den Vorzug zu geben. Eben dieses Kriterium der anderen männlichen Sichtweise lässt ein etwas eindeutigeres Ergebnis hinsichtlich des Handlungsfeldes der Fallsupervision erkennen. Wichtig scheint in erster Linie zu erwähnen, dass es für Frauenteams besonders in

Fallsupervisionen, bei denen es um Problemstellungen und Verhaltensauffälligkeiten mit zu begleitenden männlichen Klienten geht, erwünscht und von Vorteil ist, wenn solch ein Supervisionsprozess durch einen männlichen Supervisor begleitet wird. Hierbei geht es primär, wie bereits angeführt darum, sich die männliche Sichtweise, das männliche Rollenverständnis in das Team zu holen um sich diese als neuen Ansatz und Idee für den Arbeitsalltag nützlich zu machen.

Hinsichtlich der erotischen Spannung im Supervisionsprozess zwischen Klientin und Supervisor ist zu vermerken, dass prinzipiell alle Interviewpartnerinnen einen solchen Spannungszustand als nicht vorhanden beschreiben. So wird gesagt, dass dieser Aspekt von starker Zuneigung oder ähnlicher Empfindung zumindest vordergründig keine Rolle darin spielt, ob man sich für einen weiblichen oder männlichen Supervisor entscheidet oder wie sich der Verlauf einer Supervision gestaltet. Dem gegenüber soll hier unter anderem die aus dem ersten Hauptteil erworbene Erkenntnis gestellt werden, dass weibliche sowie männliche Supervisorinnen bzw. Supervisoren sehr wohl eine erotische Komponente in der Begleitung ihrer Supervisionsteilnehmer und Teilnehmerinnen wahrnehmen können.

Wie bereits erwähnt sind es oftmals sehr persönliche Gründe, warum sich Frauen für einen Mann als Prozessbegleiter in der Supervision entscheiden. Wie aus dieser Erhebung hervorgeht, spielen besonders die angewandten Methoden, wie Interventionen und Arbeitsinhalte eine große Rolle. Grundsätzlich wird von fast allen Befragten eine Methodenvielfalt erwünscht. Wie aus dem Kapitel *1.5.4. Frauen in der Rolle der Supervisorin* erkennbar, wird diese hauptsächlich den weiblichen Supervisorinnen zumindest in ihrer kreativen Anwendung zugeschrieben. Männliche Supervisoren nützen eher das Gespräch bzw. eine entsprechende Gesprächsführung und die Frage als vorrangige Intervention. Nun bleibt es hier jeder Supervisandin selbst über zu entscheiden, welche Arbeitsweise ihr oder eben dem zu supervidierenden Team mehr zuspricht. So lassen sich in dieser Erhebung keine klaren Grenzen ziehen, welche Personen in welcher Position welche Methoden bevorzugen. Nachdem aber doch einige Supervisandinnen für ihre Coaching- und Supervisionseinheiten die Begleitung eines männlichen Supervisors in Anspruch nehmen, scheint diese Methode gepaart mit der bereits angeführten Zielorientiertheit und Distanz unter anderem den Vorstellungen dieser Personen zu entsprechen. Wichtig dafür, um eine klare Entscheidung treffen zu können, ist - wie auch von den befragten Supervisionsteilnehmerinnen geäußert - ein entsprechendes Erstgespräch bzw. Erstzusammentreffen, um zu sehen, ob die von allen Befragten geäußerte Voraussetzung der Sympathie auch gegeben ist.

Hinsichtlich des besonders von den in Leitungsfunktion stehenden Frauen erwähnten Aspektes der Finanzierung scheint erwähnenswert, dass hier Männer, laut den Erkenntnissen aus dem ersten Hauptteil, wohl eher ein Nachsehen genießen, da sie als kostenintensiver gelten. Hierbei könnten aber ein entsprechend kompetentes Auftreten und eine entsprechende Qualifikation - die ausnahmslos von allen Befragten erwünscht wird - ausschlaggebend sein, um diesem Aspekt in den Hintergrund zu rücken. Auch die Gegebenheit, dass es nur wenige Männer gibt, die eine entsprechende und erwünschte Feldkompetenz mitbringen, kann darauf schließen lassen, dass Frauen und Frauenteams aus dem Sozialbereich einen männlichen Supervisor bevorzugen.

Hier werden noch einmal die traditionellen Rollenbilder ins Spiel gebracht, die wohl unweigerlich einen Entscheidungsbeitrag leisten, obwohl sie von einigen Supervisandinnen als zu vernachlässigend angesprochen werden. Besonders wenn es darum geht, entsprechende Themen aufzuarbeiten, wird - wie beispielsweise in Kapitel *2.6.1. Frauenthemen in der Supervision* - ein männliches Gegenüber bevorzugt nicht zuletzt, weil Wert auf dessen Ansichten und Meinungen gelegt wird.

7. Relevanz

Die Relevanz dieser Masterthese bzw. der darin gestellten und aufgearbeiteten Fragestellung:

„Wann und warum bevorzugen Supervisandinnen aus dem sozialen Arbeitsbereich das Geschlecht eines männlichen Supervisors?"

soll - wie schon in der Einleitung angedeutet - darin bestehen, ein Bild dafür zu bekommen, welche Kompetenzen, Arbeitsweisen und Methoden männliche Supervisoren an den Tag legen sollten, um weibliche Supervisandinnen aus dem Bereich der sozialen Arbeit im Gruppen- als auch im Einzelsetting entsprechend begleiten zu können. Wie können männlich wahrgenommene Attribute hingehend der Wahrnehmung der Supervisandinnen gewinnbringend eingesetzt werden und welchen Vorteil kann möglicherweise die Supervisandin daraus ziehen? Welche Qualifikationen sollten besonders vom männlichen Supervisor erworben und angeboten werden, um etwaige Bedürfnisse der weiblichen Supervisandin hinsichtlich des Prozesses zu erfüllen? Wie und in welcher Dosierung soll er die ihm zugeschriebenen Eigenschaften einsetzen und wie weit werden diese überhaupt von der weiblichen Klientel als wünschenswert betrachtet?

Das im ersten Hauptteil aufgearbeitete Rollenbild und die damit einhergehenden Stereotype sowie die traditionellen Rollenbilder, können ebenfalls herangezogen werden, wenn es darum geht, das Handlungsfeld dahingehend zu beleuchten, welche Vorteile im Coaching von einem gegengeschlechtlichen Gegenüber zu erwarten sind. Es stellt sich die Frage, was kann und soll hierbei von einem männlichen Supervisor bzw. aus seiner professionellen Rolle heraus erbracht und ins Geschehen impliziert werden, um eine entsprechende Professionalität zu gewährleisten. Mit welchen Wünschen und Sehnsüchten muss dieser in seiner Rolle als männlicher Supervisor im Arbeitsgeschehen mit einer Supervisionsgruppe - die überwiegend aus weiblichen Teilnehmerinnen besteht - rechnen.

8. Ausblick und Schlusswort

Schlussendlich gilt es noch zu erwähnen, dass sich eine zweigeschlechtliche Annahme - nach der wir wohl alle mehr oder weniger erzogen wurden - auch unter den im Sozialbereich tätigen Supervisandinnen finden lässt, auch wenn diese vordergründig meist verleugnet wird. Gerade hinblickend auf etwaige Vorteile, die daraus gezogen werden können, ist anzumerken, dass besonders der Supervisor bzw. die Supervisorin in ihrer Professionalität darin gefordert ist, sich in Geschlechterrolle im Klaren zu sein, diese entsprechend dem Prozessverlauf zu reflektieren und transparent zu halten. So kann man sich der im Kapitel 2. *Mann sein und/oder Frau sein* angeführten Forderung anschließen, diese Thematik auch in das Curriculum der Ausbildung von Supervisoren und Supervisorinnen aufzunehmen, beispielsweise um alt hergebrachte Rollenbilder und Klischees mit Abstand reflektieren aber auch für den Prozess nutzbar machen zu können.

Hinsichtlich einer weiterführenden Untersuchung wäre wohl interessant, abseits vom „Non-Profitbereich" zu erforschen, wie sich die Vorlieben besonders bei Frauen mit Führungsposition im Wirtschaftsbereich gestalten. Ebenso von Interesse wäre, wie sich die hier im ländlichen Bereich gewonnen Erkenntnisse in Abgleich mit Erkenntnissen aus dem urbanen Bereich, wo eine viel größere Auswahl angenommen wird, darstellt.

9. Literaturverzeichnis

Abdul-Hussain, S. (2012). *Genderkompetenz in Supervision und Coaching*. Wiesbaden: VS Verlag für Sozialwissenschaften

Asendorpf, J. (2007). *Psychologie der Persönlichkeit* (4. Aufl.). Berlin: Verlag Springer.

Asendorpf, J. (2009). *Persönlichkeitspsychologie*. Berlin: Verlag Springer.

Bargehr, G. & Marth, G. (2000). Das Spiel mit der und um die Geschlechterdifferenz. Supervisionskontext „Frauen" und „Männer". In A. Heilinger, M.. Peukert, R. Wustinger (Hrsg.), *ÖVS - Schriftenreihe Supervision Band 3. Der Arbeit nach! Supervision im Zugzwang* (S. 67 - 74). Innsbruck: Studienverlag.

Baur, E. & Marti, M. (2000). *Kurs auf Genderkompetenz. Leitfaden für eine geschlechtergerechte Didaktik in der Erwachsenenbildung*. Basel: Bubenberg Verlag AG

Becker-Fischer, M. (1995). Psychodynamische Aspekte bei sexuellem Missbrauch in der Psychotherapie. In C.J. Schmidt-Lellek & B. Heimannsberg (Hrsg.), *Macht und Machtmissbrauch in der Psychotherapie* (S. 195-214). Köln: Edition Humanistische Psychologie

Belardi, N. (1998). *Supervision. Eine Einführung für soziale Berufe* (2. aktualisierte Aufl.). Freiburg: Lambertus Verlag

Belardi, N. (2005). *Supervision. Grundlagen, Techniken, Perspektiven* (2. aktualisierte Aufl.). München: C.H. Beck

Belardi, N. (2011). Was ist beim Beratungsprozess zu beachten? Wer passt zu wem? In N. Belardi u.a.(Hrsg.), *Beratung. Eine sozialpädagogische Einführung* (6. Aufl.). Weinheim und München: Juventa Verlag

Bereswill, M. & Ehlert, G. (2011). Gender Mainstream. In G. Ehlert, H. Funk & G. Stecklina (Hrsg.), *Wörterbuch Sozialer Arbeit und Geschlecht* (S. 148-150). Weinheim und Münschen: Juventa Verlag

Bischof-Köhler, D. (2006). *Von Natur aus anders. Die Psychologie der Geschlechtsunterschiede* (3. überarbeitete und erweiterte Aufl.). Stuttgart: W. Kohlhammer Verlag.

Bitzan, R. (2010). Frauen beraten anders - Männer auch. Genderperspektive in der interkulturellen Beratung. Ergebnis einer Weiterbildung für Beraterinnen und Berater. Warum der andere Blick wichtig ist. *IQ Integration durch Qualifizierung* (S. 4-6). Berlin:

Komulus Plus. URL:
www.lifeonline.de/download/publication/broschuere_genderperspektive.pdf,
[Datum des Zugriffs: 07.03.2012]

Bock, U. (2010). Androgynie: Von Einheit und Vollkommenheit zur Vielfalt und Differenz
(3. erweiterte und durchgesehene Aufl.). In R. Becker, & B. Kortendiek, (Hrsg.),
Handbuch Frauen und Geschlechterforschung. Theorie, Methoden, Empirie (S. 103-107).
Wiesbaden: VS Verlag für Sozialwissenschaften

Böhmisch, L. & Funk, H. (2002). *Sozialarbeit und Geschlecht. Theoretische und praktische
Orientierung.* Weinheim und München: Juventa Verlag

Brandauer, H. (1996). I. Von den Antworten der Vergangenheit zu den Fragen der Zukunft.
Supervision als Koevolution oder Sokrates als Supervisor (3. Aufl.). In H. Brandauer
(Hrsg.). *Supervision aus systemischer Sicht.* (S. 11). Salzburg: Otto Müller

Brandlmayr, I. (2009). *Gender-Aspekte in der Supervision.* Unveröffentlichte Masterthesis.
Wien: ARGE Bildungsmanagement

Buchinger, K. & Klinkhammer, M. (2007). *Beratungskompetenz. Supervision, Coaching,
Organisationsberatung.* Stuttgart: W. Kohlhammer

Conenell, R. W. (2006). *Der gemachte Mann, Konstruktion und Krise von Männlichkeit.* (3.
Auflage). Opladen: VS Verlag für Sozialwissenschaften

Conen, M. L. (1993). Frauen und Männer in Supervision - Welchen Unterschied macht das?
In H. Neumann-Wirsing, & . J. H. Kersting (Hrsg.), *Systemische Supervision. oder: Till
Eulenspiegels Narreteien* (S. 205-224). Aachen: Wissenschaftlicher Verlag des Instituts für
Beratung und Supervision

DEHOGA, (2010), cbg, Betriebsberatung und Sachverständigenbüro. Reinland-Pfalz. URL:
www.cbg-gmbh.com/ArtikelFrauencoachenFrauen.pdf, [Datum des Zugriffs: 13.01.2012]

Doubrawa, E. (2003). Der männliche Gestalttherapeut. Ein Werkstattbericht.
GESTALTKRITIK. Die Zeitschrift für Gestalttherapie, 1/03, Köln GIK Bildungswerkstätte:
Peter Hammer Verlag. URL: www.gestalt.de/doubrawa_gestalttherapie_mann.html,
[Datum des Zugriffs: 07.02.2012]

Eck, C. D. (2005). Elemente einer Rahmentheorie der Beratung und Supervision
anthropologischer und lebensweltlicher Referenzrahmen (11. Aufl.). In G. Fatzer (Hrsg.),
Supervision und Beratung. Ein Handbuch. (S. 17-52). Bergisch Gladbach: EHP-Edition
Humanistische Psychologie

Eck, C. D. (2005). Rollencoaching als Supervision – Arbeit an und mit Rollen in Organisationen (11. Aufl.). In G. Fatzer, (Hrsg.), *Supervision und Beratung. Ein Handbuch.* (S. 209-248). Bergisch Gladbach: EHP-Edition Humanistische Psychologie

Eckes, T. (2010). Geschlechterstereotype. Von Rollen, Identitäten und Vorurteilen (3. erweiterte und durchgesehene Aufl.). In R. Becker, & B. Kortendiek (Hrsg.), *Handbuch Frauen und Geschlechterforschung. Theorie, Methoden, Empirie* (S. 178-189). Wiesbaden: Verlag für Sozialwissenschaften

Ehlert, G. (2010). Profession, Geschlecht und Soziale Arbeit. In M. Bereswill, & G. Stecklina (Hrsg.), *Geschlechterperspektiven für die Soziale Arbeit. Zum Spannungsverhältnis von Frauenbewegungen und Professionalisierungsprozessen* (S. 45-60). Weinheim und München: Juventa Verlag

Emerson, R. W. (1987). *Ausgewählte Texte.* (1. Aufl.). München: Goldmann

Erger, R. & Molling, M. (1991). *Der kleine Unterschied: Frauen und Männer in Supervision. Überlegungen-Untersuchungen-Empfehlungen* (1. Aufl.). Hille: Busch Fachverlag

Erler, M. (2010). *Soziale Arbeit. Ein Lehr- und Arbeitsbuch zu Geschichte, Aufgaben und Theorien* (7. aktualisierte Aufl.). Weinheim und München: Juventa

Fatzer, G. (2005). Teamsupervision als Organisationsentwicklung (11. Aufl.). In: G. Fatzer (Hrsg.), *Supervision und Beratung. Ein Handbuch* (S. 257-276). Bergisch Gladbach: EHP-Edition Humanistische Psychologie

Fatzer, G. (2005). Elemente des Supervisionsprozesses. (11. Aufl.). In G. Fatzer (Hrsg.), *Supervision und Beratung. Ein Handbuch.* (S. 9-14). Bergisch Gladbach: EHP-Edition Humanistische Psychologie

Faulstich-Wieland, H. (2004). Doing Gender: Konstruktivistische Beiträge. In E. Glaser, D. Klika & A. Prengel (Hrsg.), *Handbuch Gender und Erziehungswissenschaften* (S. 175-190). Bad Heilbrunn: Julius Klinhardt

Fellinger-Fritz, A. (2005). *Der Versuch eines gendersensiblen Supervisionsansatzes. Wie Gender in die Supervision kommt.* München/Ravensburg. Grin Verlag

Fischer, R. P. (2005). Frau Karer wählt einen Therapeuten. Geschlechtsspezifische Psychotherapie. *Psychoscope. Zeitschrift der Föderation der Schweizer Psychologinnen und Psychologen,* FSP. 4/2005, 26, S. 10-15. URL: www.psychologie.ch/fileadmin/user_upload/dokumente/archiv-psc/PSC_4-05.pdf, [Datum des Zugriffs: 20.03.2012]

Gildemeister, R. & Robert, G. (2011). Doing Gender. In G. Ehlert, H. Funk & G. Stecklina (Hrsg.), *Wörterbuch der sozialen Arbeit und Geschlecht* (S. 95-97). Weinheim und Münschen: Juventa Verlag

Glaser, E., Klika, D. & Prengel, A. (2004). Einleitung. In E. Glaser, D. Klika & A. Prengel, (Hrsg.), *Handbuch Gender und Erziehungswissenschaften* (S. 9-15). Bad Heilbrunn: Julius Klinkhardt

Gläser, J & Laudel, G. (1999). Theoriegeleitete Textanalyse? Das Potential einer variablenorientierten qualitativen Inhaltsanalyse. *Veröffentlichungsreihe der Arbeitsgruppe Wissenschaftstransformation des Wissenschaftszentrum Berlin für Sozialforschung GmbH.* P99-401, S. 1-23

Gnädinger, H. (2005). Teamsupervision und Balint-Ansatz. (11. Aufl.). In G. Fatzer (Hrsg.), *Supervision und Beratung. Ein Handbuch.* (S. 277-310). Bergisch Gladbach: EHP-Edition Humanistische Psychologie

Gotthard-Lorenz, A. & Schüers, W. (1997). Das Supervisionsverständnis in der Community der Supervision. In L. Ingeborg (Hrsg.), *Supervision, Tradition, Ansätze und Perspektiven in Österreich* (S. 13-26). Wien: Orac Verlag

Gottschall, K. (1995). Geschlechterverhältnis und Arbeitsmarktsegregation. In R. Becker-Schmidt, G. A. Knapp (Hrsg.), *Das Geschlechterverhältnis als Gegenstand der Sozialwissenschaften* (S. 125-162). Frankfurt am Main/New York: Campus Verlag

Gössler, M. (2007). Supervision wirksam einsetzen. Sieben Hebel zur Optimierung des Einsatzes von Beratung. Sozialwirtschaft 03/2007. URL: www.vielfarben.at/cont/publikationen/supervision_wirksam_goessler.pdf, [Datum des Zugriffs: 23.04.2012]

Haindl, K. (2004). *Genderkompetenz in der Supervision oder Der Tanz der Geschlechter ins 21. Jahrhundert.* (Teil 1 - 7). Aachen: IBS- Institut für Beratung und Supervision. URL: www.ibs-networld.de/ferkel/Archiv/haindl-k-04-04-Lit.html, [Datum des Zugriffs: 20.04.2012]

Hamann, B. (2003). *Gedersensitivity – neudeutsch. Wie Supervisor/innen mit Hilfe eines geschlechtsbezogenen, emanzipatorischen Erkenntnisinteresses in der Supervision einen Beitrag zu mehr Geschlechterdemokratie leisten können.* Aachen: IBS – Institut für Beratung und Supervision. URL: www.ibs-networld.de/Ferkel/Archiv/hamann-b-03-07_gender.html, [Datum des Zugriffs: 02.03.2012]

Hartkamp, N. (1998). Ethische Aspekte in der Therapieforschung. Eine vorläufige Standortbestimmung. In W. Tress, M. Langenbach (Hrsg.), *Ethik in der Psychotherapie* (S. 217-230). Göttingen: Vandenhoeck & Ruprecht

Heintz, B., Nadai, E. & Ummel, H. (1997). *Ungleich unter Gleichen. Studie zur geschlechtsspezifischen Segregation des Arbeitsmarktes*. Frankfurt: Campus Verlag

Heitele, D. (2009). Therapeut oder Therapeutin? Die Wahl zwischen Urmutter und Faust. URL: www.praxis-heitele.de/psychotherapie/eigenaufsaetze, [Datum des Zugriffs: 13.01.2012]

Kasten, H. (1996). *Weiblich-männlich. Geschlechterrollen und ihre Entwicklung*. Berlin/ Heidelberg: Springer Verlag

Klinser, N. (2000). *Supervision in Österreich. Eine kritische Bestandsaufnahme aus der Gender-Perspektive*. Diplomarbeit. Wien: Universität Wien

Kogelbauer, A. (1997). Supervision und Schule. In I. Luif, I. (Hrsg.). *Supervision. Tradition, Ansätze und Perspektiven in Österreich* (S. 301-310). Wien: Orac

Koch, R. (2004). Männliche Therapeuten – weibliche Klientinnen. Möglichkeit und Grenzen therapeutischen Handelns im gemischtgeschlechtlichen Setting. *Heft Systeme*. 18,(2), S. 183-192

Kovacic, S. (2002). Kommunikationsprobleme zwischen Frauen und Männern im Berufsleben. Zitat Frauensache(n) im Netz. Institut für frauenspezifische Psychotherapie, Supervision, Coaching und Weiterbildung. URL: www.frauensache.at/zeitung/thema/thema-kommunikation.html, [Datum des Zugriffs: 17.03.2012]

Krabel, J. & Stuve, O. (Hrsg.). (2006). *Männer in „Frauen-Berufe" der Pflege und Erziehung*. Opladen: Verlag Barbara Budrich

Kühne-Eisendle, M. (2006). *Supervision und Coaching mit weiblichen Führungskräften*. Wien: Grinverlag

Lehner-Hartmann, A. (1998). Geschlecht, ein beachtenswertes Element im Supervisionsprozess? Die Relevanz der Genderforschung für die Theorie und Praxis der Supervision. OSC - Organisationsentwicklung Supervision Clinical Management, 1, 5-26

Leitner, N. (2006). *Geschlechtssensible Zugänge in der Teamsupervision*. Unveröffentlichte Masterthesis. Wien: ARGE Bildungsmanagement

Lenz, I. (2010). Geschlechtersymmetrische Gesellschaften. Wo werden Frauen noch Männer herrschen (3. erweiterte und durchgesehene Aufl.). In R. Becker, & B. Kortendiek (Hrsg.), *Handbuch Frauen und Geschlechterforschung. Theorie, Methoden, Empirie* (S. 158-165). Wiesbaden: VS Verlag für Sozialwissenschaften Springer Fachmedien

Looss, W. (2005). Die Einzelsupervision von "Beziehungsarbeitern" (11. Aufl.). In G. Fatzer (Hrsg.). *Supervision und Beratung. Ein Handbuch*. (S. 195-208). Bergisch Gladbach: EHP-Edition Humanistische Psychologie

Mayring, P. (2002). *Einführung in die qualitative Sozialforschung. Eine Anleitung zu qualitativen Denken*. (5. überarbeitete und neu ausgestattete Aufl.).Weinheim und Basel: Beltz Verlag

Mayring, P. (2008). *Qualitative Inhaltsanalyse. Grundlagen und Techniken*. (10. neu ausgestattete Aufl.). Weinheim und Basel: Beltz Verlag

Metz-Göckel, S. (2000): Spiegelungen und Verwerfungen. Das Geschlecht aus der Sicht der Frauenforschung. In D. Janshen (Hrsg.), *Blickwechsel. Frauen- und Männerforschung im Dialog* (S. 25-46). Frankfurt am Main: Campus

Mutzeck, W. (2008). Kollegiale Supervision. Eine Möglichkeit der beruflichen Unterstützung, Weiterentwicklung und Qualitätssicherung. In W. Mutzeck, & J. Schlee (Hrsg.), *Kollegiale Unterstützung für Lehrer . Gemeinsam den Schulalltag bewältigen* (S. 48-70). Stuttgart: Kohlhammer

Mühlen-Achs, G. (1998). *Geschlecht bewußt gemacht*. München: Frauenoffensive

Mühlen-Achs, G. (2003). *Wer führt? Körpersprache und die Ordnung der Geschlechter.* München: Frauenoffensive

Nestvogel, R. (2010). Sozialisationstheorien: Traditionslinien, Debatten und Perspektiven (3. erweiterte und durchgesehene Aufl.). In R. Becker, & B. Kortendiek (Hrsg.), *Handbuch Frauen und Geschlechterforschung. Theorie, Methode, Empirie* (S. 166-177). Wiesbaden: Springer Fachmedien Verlag für Sozialwissenschaften

Nunner-Winkler, G. & Nikele, M. (2001). Geschlechtersoziologie. Moralische Differenz oder geteilte Werte? Empirische Befunde zur Gleichheits-/Differenzdebatte. In B. Heintz (Hrsg.), *Kölner Zeitschrift für Soziologie und Sozialpsychologie*, 53, (41), S. 108–135

Nunner-Winkler, G. (2010). Weibliche Moral: Geschlechterdifferenzen im Moralverständnis (3., erweiterte und durchgesehene Aufl.). In R. Becker, & B. Kortendiek (Hrsg.),

Handbuch Frauen und Geschlechterforschung. Theorie, Methoden Empirie (S. 81-87).
Wiesbaden: Verlag für Sozialwissenschaften

Österreichische Vereinigung für Supervision, ÖVS. (2008). *SUPERVISION + Coaching,
Orientierung zu professioneller Beratung.* (1. Auflage), Wien: ÖVS. URL:
www.oevs.or.at, [Datum des Zugriffs: 12.02.2012]

Passavant, C. (2003). Wenn Männer oder Frauen beraten. Die Kompetenz zählt – das
Geschlecht zahlt sich aus. *BSO-Journal,* 1. URL:
www.cgi.datacomm.ch/dossiers/gender/gender_chvp.pdf, [Datum des Zugriffs:
04.01.2012]

Raguse, H. (2005). Gruppensupervision. (11. Aufl.). In G. Fatzer (Hrsg.). *Supervision und
Beratung. Ein Handbuch* (S. 249-256), Bergisch Gladbach: EHP-Edition Humanistische
Psychologie

Rappe-Giesecke, K. (1999). *Qualität und Leistung von Beratung. Supervision, Coaching,
Organisationsentwicklung.* Köln: Edition Humanistische Psychologie - Organisation

Rappe-Giesecke, K. (2009). *Supervision für Gruppen und Teams.* (4. aktualisierte Aufl.).
Heidelberg: Springer Medizin Verlag

Rauen, C. (2004). Coaching für Frauen. *Coaching Newsletter.* 4, URL: www.coaching-
newsletter.de/archiv/2004/2004/08.htm, [Datum des Zugriffs: 28.12.2011]

Ruhnau, M. (2009). *Das Verhältnis von Sozialpolitik und Sozialer Arbeit.* Norderstedt: Grin
Verlag

Sauer, J. (1997). Zur Geschichte und Tradition der Supervision in Österreich. In I. Luif,.
(Hrsg.), *Supervision, Tradition, Ansätze und Perspektiven in Österreich* (S. 27-42). Wien:
Orac Verlag

Scheffler, S. (2005). Frauenwelten - Männerwelten in der Supervision. In DGSV (Hrsg.).
Fakultät für Angewandte Sozialwissenschaften, Institut für Geschlechterstudien,
Fachhochschule Köln. URL: www.dr-sabine-scheffler.de, [Datum des Zugriffs:
04.03.2012]

Schlee, J. (2008). Regeln und Prinzipien für kollegiale Unterstützungsgruppen. In W.
Mutzeck, & J. Schlee (Hrsg.), *Kollegiale Unterstützungssysteme für Lehrer. Gemeinsam
den Schulalltag bewältigen* (S. 12-24). Stuttgart: Kohlhammer

Schmid, P. F. (1997). Personenzentrierte Supervision: Berufliche Entwicklung durch Begegnung. In I. Luif (Hrsg.), *Supervision. Tradition, Ansätze und Perspektiven in Österreich* (S. 175-188). Wien: Orac

Schmidt- Lellek, C. J. (1995). Narzißtischer Machtmißbrauch in der Psychotherapie. In C. J. Schmidt-Lellek, & B. Heimannsberg (Hrsg.), *Macht und Machtmissbrauch in der Psychotherapie* (S. 171-194). Köln: Edition Humanistische Psychologie

Schreyögg, A. & Rauen, C. (2002). Diskurs. Missbrauch nun auch im Coaching? *OSC – Organisationsberatung-Supervision-Coaching. VS Verlag für Sozialwissenschaft Springer Fachmedien*, 3, S. 287–294

Schreyögg, A. (2003). *Coaching. Eine Einführung für Praxis und Ausbildung.* (6. erweiterte Aufl.). Berlin: Campus Verlag

Schreyögg, A. (2004). *Supervision. Ein integratives Modell. Lehrbuch zu Theorie und Praxis.* Wiesbaden: VS Verlag für Sozialwissenschaften

Schreyögg, A. (2010,). *Lehrbuch. Supervision. Ein integratives Modell.* (5. überarbeitete und erweiterte Auflage). Wiesbaden: VS Verlag für Sozialwissenschaften

Sting, S. & Zurhorst, G.(Hrsg.). (2000). *Gesundheit und Soziale Arbeit. Gesundheit und Gesundheitsförderung in den Praxisfeldern Sozialer Arbeit.* Weinheim und München: Juventa

Stäudel, T. (1992). Problemlösung und Geschlecht. Unterschiede nur im Selbstbild? In G. Krell, M. Osterloh (Hrsg.), *Personalpolitik aus der Sicht der Frauen – Frauen aus der Sicht der Personalpolitik. Was kann die Personalforschung von der Frauenforschung lernen? Zeitschrift für Personalforschung* (S. 282-300). Mering: Hampp

Stöber, A. (2006). Die Genderperspektive in der psychodramatischen Supervision. *ZPS - Zeitschrift für Psychodrama und Soziometrie,* 1, S. 89-103

Swedenborg, E. (2005). Zitate. In W. Rohr, & D. Weltzien (Hrsg.), *Das große Buch der Mystiker* (2. Aufl.). (S. 425). München: Goldmann (Arkana).

Thole, W. (2002). *Grundriss Soziale Arbeit. Ein einführendes Handbuch.* (2. überarbeitete und aktualisierte Aufl.). Wiesbaden: VS Verlag für Sozialwissenschaften

Tress, W. & Langenbach, M. (Hrsg.). (1998). *Ethik in der Psychotherapie.* Göttingen: Vandenhoeck & Ruprecht

Walther, I. (1997). Gruppensupervision und Gruppentraining - ein Vergleich. In I. Luif (Hrsg.), *Supervision. Tradition, Ansätze und Perspektiven in Österreich* (S. 87-100).Wien: Orac Verlag

Watzlawick, P., Beavin, J. H. & Jackson, D. D. (2011). *Menschliche Kommunikation. Formen, Störungen, Paradoxien.* (12. unveränderte Aufl.). Bern: Huber Verlag

Weber, M. (1976). *Wirtschaft und Gesellschaft. Grundriss der verstehenden Soziologie.* Tübingen: J.C.B. Mohr

Wolf, B. (1997). Supervision im kirchlichen Bereich - Erfahrungen, Eindrücke, Reflexionen. In I. Luif (Hrsg.), *Supervision. Tradition, Ansätze und Perspektiven in Österreich* (S. 291-300). Wien: Orac Verlag

V. Anhang

10. Interviewleitfaden

Einleitende Worte:

Vorweg möchte ich mich bei ihnen bedanken, dass sie sich die Zeit nehmen um mit mir dieses Interview in Hinsicht auf die Erstellung meiner Masterthesis zu führen. Ich möchte sie - wie im Vorgespräch geklärt - darauf hinweisen, dass ich dieses Interview mit Tonband mitschneiden werden um es im Nachhinein wörtlich abtippen zu können.

Weitergehend möchte ich sie darauf hinweisen, dass alles egal was ihnen zu den folgenden Fragen einfällt passend ist. Bitte wundern sie sich nicht wenn ich sie von sich aus erzählen lassen und wenig Zwischenfragen stelle. Ich möchte damit den Erzählfluss ihrerseits erhalten. Es kann sich ergeben, dass Phasen der Ruhe im Interview entstehen. Dies soll sie aber nicht irritieren oder unter Druck setzen. Überlegen sie in Ruhe und wenn die Antworten zu meiner Frage ausgeschöpft scheinen, werden wir zur nächsten Frage entlang meines Leitfadens schreiten. Wichtig ist auch, dass sie als Interviewpartner von sofort an anonymisiert werden. Gibt es noch Fragen von ihrer Seite aus?

1. **Zur Person:**
   1.1.   In welchem Arbeitsbereich sind sie tätig?
   1.2.   Seit wann sind sie in diesem Arbeitsfeld tätig?
   1.3.   Welche Ausbildung bzw. welche Berufsbezeichnung haben sie?
   1.4.   Welche Funktion erfüllen sie in ihrem Arbeitskontext?

2. **Zum Kontext der sozialen Arbeit:**
   2.1.   Wenn sie sich zurückerinnern. Aus welchen Gründen haben sie den sozialen Arbeitsbereich für sich gewählt?
   2.2.   Was waren ihre Erwartungen?
   2.3.   Wurden diese Erwartungen erfüllt?

2.4.   Wenn nein, warum nicht?

3. Supervisionsthemen:

    3.1.   Welche konkreten Gründe gibt es für sie, um Supervision in Anspruch zu nehmen?

    3.2.   Gibt es bestimmte immer wiederkehrende Vorgänge über die in der Supervision gesprochen wird?

4. Erwartungen an die Supervision:

    4.1.   Wieso glauben sie ist Supervision das entsprechende Instrument für ihre Anliegen?

    4.2.   Welche Überlegungen gehen mit der Entscheidung für eine Supervision einher?

5. Rahmenbedingungen:

    5.1.   Welche Überlegungen sind für sie ausschlaggebend, um sich auf einen Supervisionsprozess einlassen zu können?

    5.2.   Welche Voraussetzungen müssen gegeben sein?

6. Settingwahl:

    6.1.   Welches Setting würden sie für sich als geeignet bezeichnen und aus welchem Grund?

7. Häufigkeit der Supervision:

    7.1.   Wie oft in etwa wird von ihnen Supervision in Anspruch genommen?

    7.2.   Ist dieser Abstand für sie passend?

8. Kommunikation:

    8.1.   Wie gestaltet sich für sie eine gelungene Supervision?

    8.2.   Bitte erinnern sie sich an eine Supervision, die sie als besonders gewinnbringend empfunden haben. Was war ihrer Meinung nach der Grund dafür?

    8.3.   Wenn sie sich an eine weniger befriedigende Supervision erinnern, was war ihrer Einschätzung nach der Grund dafür?

9. **Kompetenzen des Supervisors/der Supervisorin:**

9.1. Wie erleben sie im allgemeinen Supervisoren /Supervisorinnen?

9.2. Was vermuten sie, welches Verhalten des Supervisors/der Supervisorin trägt zum Gelingen einer Supervision bei bzw. was hat hinsichtlich ihrer positiv beschriebenen Situation dazu beigetragen?

9.3. Welche Verhaltensweisen des Supervisors/der Supervisorin könnte dazu beitragen, dass die Supervision als wenig gelungen erscheint?

9.4. In wie weit haben sie einen Einfluss hinsichtlich des Geschlechts des Supervisors/ der Supervisorin auf die von ihnen beschriebene Supervisionssituation erleben und wahrnehmen können?

10. **Konkurrenzverhalten gegenüber dem Supervisor/der Supervisorin:**

10.1. Sind sie schon einmal in Konkurrenz mit dem Supervisor bzw. der Supervisorin getreten?

10.2. Was war der Grund?

10.3. Welches Geschlecht hatte der Supervisor?

11. **Akzeptanz:**

11.1. Was bedeutet für sie Akzeptanz?

11.2. Wie fühlen sie sich in der Supervision wahrgenommen wenn sie ein gegengeschlechtlichen Supervisor vor sich haben?

11.3. Wie sieht dies bezüglich einer gleichgeschlechtlichen Person aus?

12. **Erotische Spannungen im Supervisionsprozess:**

12.1. Gibt es Spannungsmomente zwischen Zuneigung, Anziehungskraft und Ablehnung oder hinsichtlich Rivalität, Macht und Neid die sie im Supervisionsprozess gegenüber dem Supervisor/der Supervisorin wahrnehmen?

12.2. Wie stellen sich diese Empfindungen dar?

13. **Übertragungs- bzw. Gegenübertragungsphänomene:**

13.1. Hegen sie Sympathie oder Abneigung gegenüber dem Supervisor/der Supervisorin?

13.2. Wie ist dies für sie spürbar?

13.3. Spiel dies für sie eine Rolle in der Zusammenarbeit?

14. Auswahlkriterien:

14.1. Nach welchen Kriterien wählen sie ihren Supervisor/ihre Supervisorin aus?

14.2. Welche Kriterien stehen für sie dabei an erster Stelle?

15. Rollenannahmen:

15.1. Aus welchen Aspekten heraus haben sie unter anderem einen männlich Supervisor für ihren Supervisionskontext gewählt?

15.2. Wie kam diese Entscheidung zu Stande?

15.3. Welche Vorteile konnten sie ihrer Meinung nach daraus ziehen?

16. Erkenntnisse aus dem Vorgespräch:

16.1. Welche Erkenntnisse aus einem Vorgespräch mit dem Supervisor/der Supervisorin wirken sich auf den letztlichen Auswahlprozess aus?

17. Arbeitsinhalte und Methoden:

17.1. Welche Arbeitsinhalte, Interventionen und Methoden in Bezug auf die Supervision sind ihnen als besonders positiv, angenehm bzw. gewinnbringend in Erinnerung?

17.2. Konnten sie Unterschiede in den Arbeitsweisen und der Methodenwahl hinsichtlich des Geschlechts des Supervisors/der Supervisorin feststellen?

17.3. Welche besonderen Feststellungen haben sie in der Zusammenarbeit mit einem männlichen Supervisor gemacht?

18. Geschlechtliche Unterschiede:

18.1. Welche Erfahrung haben sie hinsichtlich von Unterschieden in der Begleitung im Supervisionsprozessen zwischen einem Supervisor und einer Supervisorin gemacht?

18.2. Wie wurden diese Unterschiede wahrgenommen?

18.3. Nimmt das Geschlecht des Supervisors/der Supervisorin ihrer Meinung nach überhaupt Einfluss auf den Supervisionsprozess?

11. Extraktionstabelle

Kategorien	Transkript 1	Transkript 2	Transkript 3	Transkript 4	Transkript 5	Transkript 6	Transkript 7	Transkript 8
5.1.	Seite 1, Zeile 12-32	Seite 1, Zeile 12-31	Seite 1, Zeile 12-26	Seite 1, Zeile 12-19	Seite 1, Zeile 12-29	Seite 1, Zeile 12-21	Seite 1, Zeile 12-34	Seite 1, Zeile 12-29
5.1.1.	S. 1 / Z. 12-32	S. 1 / Z. 12-31	S. 1 / Z. 12-26	S. 1 / Z. 12-23	S. 1 / Z. 12-29	S. 1 / Z. 12-21	S. 1 / 12-34	S. 1 / Z. 12-29
5.2.	-	-	-	-	-	-	-	-
5.2.1.	S.1/Z.37-46; 1f/ 50-52; 2/57	S.2/Z.51-55; 2/59-81	S.1/Z.31-38	S.1/Z.35-43; 2/48-63	S.2/Z.51-54; 2/71-74	S.1/30-34; 2/54-60	S.1/Z.45f; 2/56-59	S.1/Z.34f; 1/40-51; 2/54-57
5.2.2.	S.1f/50-58; 2/56-73	S.2/Z.62-64; 2/81-89	S.1/Z.34-38; 1/43f	S.1/Z.82; 2/95	S.1/Z.38f; 2/54-66	S.1/41f; 2/53-62	S.2/56-66	S.1/Z.40-50; 2/54f
5.2.3.	S.2/59,2/68f; 2/77-98	S.2/Z.59-76	S.2/Z.38	S.2/Z.82	S.2/Z.71-73	S.2/Z.71-74	S.2/Z.56-60	S.1/Z.49f
5.3.	-	-	-	-	-	-	-	-
5.3.1.	S.3/Z.125-128; 5/232; 6/267f; 6/282-299; 10/496-	S.2/Z.93-97; 3/102-111; 4/195; 5/214; 6/288-290	S.2/Z.85-89; 4/202-206	S.3/Z.115f; 3/166; 5/218-238; 6/256	S.3/Z.110-119; 4/170-178; 5/211-219; 7/301-314	S.4/Z.170-178; 5/210-214; 9/429f	S.3/Z.115-117; 5/202-205; 7/312	S.1/Z.75f; 4/156f

5.3.2.	5.3.3.	5.3.4.	5.3.5.	5.3.6.
500; 12/582f S.3/Z.141-154; 6/273-278	S.3/Z.141f; 4/183-187; 11/531f	S.6/Z.267-299; 10/496-498; 11/521-548; 12/582	S.3f/Z.126f, 172-174 u. 183-186; 6/282	
S.3/Z.119-121; 6/258f	S.1/97f; 3/123-148; 13/612f	S.3/Z.123; 4/165-170; 5/123; 8/879; 9/418-492; 12/562-564; 13/624	S.3/Z.100-105; 4/200-210: 14/680f	
S.2/Z.66-77; 2f/100-103; 3/118-135; 12/564	–	–	–	S.2/Z.91f; 3/118-120;
S.3/Z.116-118 u. 146-152; 4/176-181; 6/291; 12/593	–	–	–	S.3/Z.125f
S.3/Z.110-114; 17/845f	S.2/Z.100; 3/105-136; 6/278f	S.3/Z.114-116; 5/211-213; 7/319-324; 13/617	S.2/Z.95f	
S.86-95; 5/248: 12/593	S.2/Z.86-95	S.3/Z.104f; 5/211-217; 14/695f	S.2/Z.86-95	S.3/Z.104
S.3/Z.101-235; 4/167f	S.3/Z.109-145; 4/170	–	S.3/Z.106f u. 138-141	
S.2/Z.63-96;	S.2/Z.61-77	–	S.2/Z.66-97	

			7/333f					
5.4.	S.5/Z.243f; 6/253f	-	S.5/Z.165f	S.11/Z.506f	S.16/Z.777-785	S.9/Z.441f; 10/483f; 11/520-530	S.8/370f; 9/436f	S.9/Z.418-420 u. 491f: 10/452f u. 489-492
5.4.1.	S.11/Z.537f; 13/612	S.8/Z.427-440; 11/516f; 12/588f	S.8/Z.371-387	S.7/Z.301f; 9/427-430; 10/451-459	S.13/Z.637-647; 14/672-688	S.9/Z.428-446; 10/452-477	S.8/Z.394-398; 9/403f	S.8/Z.387-389; 9/402 -407 u. 429-482
5.4.2.	S.11/Z.537f; 13/612	S.9/Z.437-441	S.9/Z. 403-406	S.7/Z.301-315; 10/463-477	S.5/Z.225f; 14/677f	S.10/Z.451-464	S.8/Z.354; 9/434-440; 10/455	S.8/Z.393-397; 10/476-480
5.4.3.	-	S.2/Z.93-98; 6/253f	S.10/Z.459-500	S.10/Z.496-498	S.5/Z.226-232: 14/692-694; 15/707-709	S.11/Z.523-525	S.9/Z.435f; 10/453-457; 11/513-520	S.3/Z.141-143; 9/444f
5.4.4.	S.8/Z.394-396	-	S.9/Z.431-438; 13/622	-	S.4/Z.194; 5/220f; 15/707-709; 16/774-777	S.10/Z.481-488; 12/562-564;	-	S.9/Z.414-416
5.4.5.	-	-	S.10/Z.488-491	-	-	S.7/Z.317-329; 11/503-509	S.9f/Z.449-452; 8/370f;	S.7/Z.345f; 9/432

							10/475-477
5.4.6.	S.9/Z.489	S.13/611f	-	S.5/Z.226-232; 14/694f; 15/701f	S.10/Z.481	-	-
5.4.7.	-	S.8/Z.367-369; 14/691-694	-	S.12/Z.568-572; 14/696-698; 15/707-709	-	S.11/Z.505-508	-
5.4.8.	-	S.3/Z.102-106; 8/370f; 13/602-604	-	S.3/Z.119; 15/710-717	S.4/Z.162-164; 5/228; 10/481-489; 11/531-543; 12/568-572;	-	-
5.4.9.	-	S.11/Z.516-524	-	S.12/572	S.14/Z.672-674	-	-
5.4.10.	-	S.3/Z.102-106	-	S.12/Z.575; 15/724-730			-
5.5.	-	-	-	-	-		-
5.5.1.	-	-	-	-	-		-
5.5.2.	S.10/Z.497	S.3/Z.111-114; S.3/Z.147;	S.4/Z.182;	S.6/Z.253f;	S.3/Z.147-151;	S.4/Z.189f	S.3/Z.140f;

	4/157-166; 6/288-290	5/227f	6/271; 7/301-304	10/495-500	7/305; 11/507f			6/288-291
5.5.3.	S.4/Z.164; 7/312	S.3/Z.109-111; 11/504f	S.8/Z.390-398	S.6/Z.261-263; 7/330-335	S.4/Z.163; 8/374f	S.3/Z.147-149; 4/152-154; 10/481-488	S.7/Z.301-303	S.2/Z.66-70
5.5.4.	S.2/Z.184; 5/227-239; 7/314-335	S.3/Z.144f; 4/184-186; 6/290-293	S.2/Z.82; 3/156-159; 4/175	S.3/Z.122f; 4/183-185	S.4/Z. 183-185; 8/391-396	S.3/Z.134-136; 5/226f	S.4/Z.184; 5/232-236	S.3/Z.117
5.5.5.	S.4/Z.152; 5/215-220	S.4/Z.186f	S.3/Z.109-122; 4/188-190; 5/243; 6/264-269	S.4f/Z.194-201; 6/272-294; 8/383-397; 9/434-446	S.10/Z.483-485; 14/664-666	S.4/Z.182; 6/257-266	S.7/Z.337; 9/419-421; 10/364-366	S.3/Z.147-149; 4/181-183; 5/269-278; 9/425-428
5.5.6.	S.3/Z.125; 4/199-203; 6/268-292; 7/304;	S.3/Z.119; 4/220; 5/233-275	S.4/Z.203-206; 5/202	S.4/Z.203-206; 5/242; 6/246-248; 13/627f	S.3/111-127; 7/313f	S.3/Z.137f; 5/210-231	S.5/Z.223-236; 6/255-268	S.4/Z.164-166
5.5.7.	S.5/Z.213	S.5/Z.219; 12/589	-	S.5/Z.204-207; 7/317; 10/477-480	S.3/Z.111; 11/521f	S.10/462f	S.4/Z.189f	
5.5.8.	S.5/Z. 213	-	S.4/Z.156 u.	S.5/Z.204-207	S.5/Z.242-247;	S.4/Z.162-164	-	S.3/Z.140f:

5.5.9.	*S.5/Z.238*	*S.6f/Z.297-302; 7/310f; 12/591-593*	*S.3/Z.149-152: 6/281; 10/479-483*	175	*S.11f/Z.550-552*	6/288-292	*S.6/Z. 297-300: 7/310f*	6/288-291
5.5.10.	*S.3/Z.128-140*	-	*S.9/Z.406-409*	*S.4/Z.194-196*	-	*S.4/Z.154*	-	-
5.5.11.	*S.4f/Z.199-205; 7/317/320*	*S.14/Z.677-685*	-	*S.11/Z.515-536*	*S.3/Z.169-171; 7/353-357; 8/354; 10/481-490*	-	-	-
5.5.12.	*S.5/Z.237*	-	-	*S.3/Z.135; 4/182*	-	*S.2/Z.46f; 3/119f; 6/256-266*	-	*S.2/Z.65 u. 101; 3/118-149*
5.6.	*S.7/Z.313-317*	-	-	-	-	-	-	-
5.6.1.	*S.4/Z.191-194; 7/328-330*	*S.3/Z.110-138*	*S.3/Z.109-111*	*S.3/Z.144-147; 6/290f*	*S.2/Z.95-98; 3/105; 4/168f; 7/332-346; 8/387*	*S.2/Z.89; 3/110-114; 7/341-344*	*S.3/Z.107 u. 155-160*	*S.3/Z.101 u. 122-133; 5/235-238*
5.6.2.	*S.6/Z.272f*	*S.6/282f*	*S.2/Z.100f; 3/113-115*	*S.4/Z.161f; 6/263-265*	*S.6/Z.253f*	*S.3/Z.149; 5/338; 6/284-288*	*S.6/Z.272-278; 7/337*	*S.4/Z.176-183; 2/66-70*

5.6.3.	S.5/Z.221-224	S.6/Z.297f; 11/521-527; 13/634	S.3/Z.113; 5/245f; 9/442f	S.6/Z.264	S.3/150; 4/182; 7/332-335	S.5/Z.248-252; 6/271-278; 7/301-305	S.6/Z.289-295	S.2/Z.60-66; 4/179f; 5/212-241
5.6.4.	S.6/Z.273-275	S.5/Z.246f; 6/260f	S.5/Z.229-235	S.6/Z.290	S.3/Z.145f; 8/385f	S.5/Z.240f	S.3/Z.155-160	S.3/Z.130f; 5/201-207; 6/259-266
5.6.5.	S.5/Z.38	S.6/Z.276-283; 13/627	S.3/Z.113f	S.6/Z.265-280	-	S.5/Z.248f	-	S.3/Z.147-149
5.6.6.	-	S.3/Z.137f; 7/331-333; 9/464-490; 12/577f	S.3/Z.113-115; 5/217-229; 9/433; 11/528-531	-	S.3/Z.136-139; 9/426f	S.5/Z.237-341; 6/256-306	-	S.4/Z.176-195
5.6.7.	S.5/Z.220-224; 7/324-328; 10/486f	-	S.9/Z.420-422; 11/538-540	S.8/Z.357-366	S.4/Z.152f	-	-	-
5.6.8.	-	-	S.3/Z.135-139	-	S.2/Z.95f; 6/278f	S.3/132f; 12/595f	-	-
5.6.9.	-	-	-	-	S.8/Z.375f;	-	-	S.5/Z.220-226

					9/439f			
5.7.	-	-	-	-	-	-	-	-
5.7.1.	S.8/Z.359-383	S.3/Z.107 u. 145f; 4/174-176; 11/531-533; 12/572f; 13/643	S.9/Z.431-438; 10/496-500	S.10/Z.496-498	S.3/Z.102; 4/192-198; 10/463-500; 11/523-543; 16/774-777	S.3/Z.124-127; 6/292-294; 8/377f; 10/455-488; 11/507f; 12/562-564	-	-
5.7.2.	-	S.7/Z.330f; 9/497-500; 11/522-534; 12/588f	S.4/Z.185-195; 6/276f; 7/312f; 9/414-420 u. 431-438	S.5/Z.204-207; 7/312f u. 341-347; 10/466-498; 11/515-519	S.4/Z.166f; 10/471-490; 11/523-543; 13/649f	S.6/Z.292-294; 9/413-416; 10/481-488	-	S.8/369f; 11/541-543
5.7.3.	S.6/Z.255f; 8/338-396; 9/403	S.3/Z.144-147; 4/159f; 7/323f; 11/550f	S.6/Z.269f; 9/431-448; 10/496-500; 12/596-604	-	S.2/Z.182-198; 13/641; 14f/700f; 16/777-779	S.4/Z.163f; 5/242-244; 7/317-329; 10/370	-	S.5/Z.238-241; 9/412-420 u. 469-475
5.7.4.	S.8/Z.375	-	S.6/Z.300; 7/334; 9/418-420	S.10/Z.507	S.6/Z.253-266; 8/366f; 10/463-467	S.7/Z.301; 9/413f	S.7/Z.301-336	-
5.7.5.	S.8/Z.371-	-	S.11/Z.515-	S.6/f/299.306;	S.4/Z.177;	-	S.7/Z.347-351	S.7/Z.317f

	374; 9/403-405		536	7/327f; 1/582f	6/254f; 9/426-431; 9/426-431; 11/523-543; 17/851-854		
5.7.6.	S.8/Z.350-375	S.7/Z.316f; 8/361; 12/588f	S.10/Z.452f	-	S.6/Z.299-306	S.6/Z.292-294; 7/317-329; 10/456; 11/518-520; 12/562	-
5.7.7.	-	-	S.12/Z.594-596	-	S.4/Z.169-171; 10/455-490; 12/586-588; 13/642; 17/820-840	S.8/Z.337f; 9/413-416; 12/585-588	-
5.7.8.	-	-	-	S.7/Z.306-328; 8/391f; 11/515-519	-	S.6/Z.292-294; 6f/299-306; 11/507f; 12/564f	-
5.7.9.	-	-	S.6/Z.276f; 9/414-438	-	S.6/Z.253-260; 10/495-500	-	-
5.8.	S.8/Z.367 u.	S.6/Z.254-	S.7/Z.314-338;	S.12/Z.551-575;	S.7/Z.343-348;	S.7/Z.340f;	S.8/Z.353-361;

	S.9/Z.433 u. 441-444	419-422; 12/583; 14/713-725; 15/702	290; 9/424f; 10/488f; 13/610-624	8/353; 9/407f; 10/488f; 12/592-597; 13/602 u. 645f; 14/652; 16/640f	15/724-726; 16/760-763; 17/840-845; 18/863-870	9/404-416; 12/554; 14/669-679	8/362-364; 12/589-562; 13/605-609	9/412-442; 10/431-455; 11/548-551
5.8.1.	-	S.8/Z.411-427; 9/403-405	S.7/Z.324-341; 13/618-623	S.8/Z.383f; 9/407	S.13/Z.603-626	S.8/Z.382-395	S.8/Z.369f u. 381.383	S.7/Z. 334-340
5.8.2.	-	S.6/261	S.11/546f	S.13/607-614	S.6/Z.271-274; 11/537f; 17/805-836	S.13/603-605 u. 644f; 14/661-663	S.11/Z.547; 12/552-600	S.6/Z.284-293; 10f/500-503; 11/436-510 u. 533-535
5.8.3.	S.5/Z.215	S.5/Z.261f; 6/261; 11/535f; 12/537 u. 595f; 13f/649-651; 14/660-663	S.3/116f; 4/191-200; 5/211-233; 11/505-551; 12/556-559	S.3/Z.126; 9/428f; 12/569-576; 13/607-610	S.6/Z.253-265; 7/347f; 9/422-426; 16/791-797;	S.3/Z.117-119; 4/172-203; 6/276-280; 12/568-593; 13/615-627	S.11/Z.532-542	S.2/Z.88f; 3/111f: 4/178f; 5/245-248; 9/414-428; 10/476-495; 11/509-535
5.8.4.	-	S.7/Z.303-313	S.7/Z.303-313	S.8/Z.361-365;	S.9/Z.416;	S.7/Z.337-339;	S.8/Z.370 u.	S.7/Z.313-329:

				9/428f	11/512-515; 12/581; 14/655f	8/358-389	394f	9/428; 11/541-543
5.8.5.	–	S.8/Z.448-450	S.8/Z.360f; 10/488-491	S.3/Z.120; 8/353; 11/541f	S.13/Z.647f; 14/651f	S.9/Z.439f		S.8/Z.351-368; 9/434-455
5.8.6.	–	S.8/Z.377-382; 9/448-450; 11/504f	–	S.10/504-506; 11/548	S.9/448-450	–	–	–
5.9.	–	–	–	–	–	–	–	–
5.9.1.	–	–	S.13/Z.616-618	–	S.12/Z.555-558; 15/724-773; 16/765-768	S.7/Z.335f; 11/448f; 12/554-557	S.11/Z.505-508	S.10/Z.460-466
5.9.2.	–	–	–	–	S.15/727f: 16/756-759	S.11f/Z.448-451	–	S.6f/Z.297-303; 9/446-448; 10/460-463; 11/425-551
5.9.3.	–	–	–	–	S.16/Z.754f	S.7/Z.339-342; 12/551f		S.11/431f
5.9.4.	–	–	–	–	–	S.7/Z.339f;	–	S.5/235; 8/352-

356; 9/445f; 10/463; 11/436	9/413-416; 11f/448-451; 12/572-585